탐라문견록, 바다 밖의 넓은 세상

제주지도(濟州地圖), 18세기 초, 숭실대학교 박물관 소장.

탐라문견록,
바다 밖의 넓은 세상

耽羅聞見錄

18세기 조선 지식인의 제주 르포

정운경 지음, 정민 옮김

휴머니스트

서문

몇 해 전 연암 박지원의 서간첩을 번역하다가 정운경의 《탐라문견록(耽羅聞見錄)》이라는 낯선 이름과 처음 만났다. 이후 동학들의 연구 속에서 이따금 이 책의 이름을 만났는데, 막상 실제 자료는 어디에서도 찾을 수가 없었다. 18세기의 쟁쟁한 지식인들이 다투어 구해 읽었던 이 책이 내용조차 알 수 없는 익명의 책이 되어 있었다.

이후 자료를 수소문해 단국대학교와 서강대학교 도서관에 소장된 필사본 자료를 찾았다. 내용을 살펴보니, 놀랍게도 18세기에 해외에 표류했다가 생환한 제주 표류민을 인터뷰한 내용이 전체 분량의 절반 이상을 차지하고 있었다. 또 저자 자신의 제주 기행문과 풍토기, 무엇보다 제주 감귤에 대한 생생한 정보를 담은 〈귤보(橘譜)〉 등은 18세기 후반에 성행한 편집적 지식 경영의 선구 작업으로 꼽기에 손색이 없었다. 이후 이 책의 번역과 관련 자료 수집에 반년 이상의 시간을 보냈다.

우연한 계기도 없지 않았다. 2006년 네덜란드 레이덴 대학교에서 개최된 국제학술회의에서 만난 미국 학자는 내게 일본에서 연구된 조선 표류민 관련 연구 성과를 알려주었다. 2007년 여름 중국 난징 대학교에서 개최된 국제학술회의에서도 동아시아 표류 관련 기록들이 연구 대상으로 새롭게 주목받는 것을 확인했다. 이런 일들이 나로 하여금 이 자료의 가치에서 더욱 눈을 뗄 수 없게 했다.

그간 나는 18세기 지식인의 새로운 지식 경영과 편집 매뉴얼을 공부하는 일에 몰두해왔다. 이 책은 이러한 흐름이 더 앞선 시기부터 시작되었음을 증언해준다. 이를 통해 이 시기 지식인들의 고양된 지적 욕구와 편집 역량을 다시 한 번 확인할 수 있었다.

자료의 존재를 파악하는 데 여러 분의 도움을 받았다. 김영진 교수의 논문에서 단국대본《탐라문견록》소재 파악의 단초를 얻었다. 이후 김우정 교수의 도움으로 자료를 구했다. 서강대본의 존재는 부유섭 선생의 귀띔으로 뒤늦게 알았다. 안대회 교수는 이 책의 일부가 황윤석의 《이재난고(頤齋亂藁)》에 실린 것을 알려주었다. 원문 입력은 박혜경 씨가 맡아 수고했다. 모두에게 깊이 감사드린다.

  이 책의 번역 출간을 계기로 정운경과 그의 《탐라문견록》에 대한 본격적인 담론이 활성화되었으면 한다. 국내인의 해외 표류와 외국인의 국내 표류에 관한 연구도 더 본격적으로 진행될 필요가 있다. 제주도 감귤의 역사에 대해서도 흥미를 갖게 되었다. 한동안 제주와 관련된 연구 작업이 뒤를 이을 것 같은 예감을 가져본다.

2008년 겨울 행당서실에서
정민

차례

서설 — 18세기 한 인문주의자의 제주 르포　　11

탐라문견록

- 서문　　43
- 탐라문견록(耽羅聞見錄)　　45
- 제1화 : 1687년 조천관 주민 고상영의 안남국 표류기　　47
- 제2화 : 1729년 신촌 사람 윤도성의 대만 표류기　　62
- 제3화 : 1729년 아전 송완의 대만 표류기　　74
- 제4화 : 1679년 관노 우빈의 일본 취방도 표류기　　76
- 제5화 : 1698년 성안 백성 강두추·고수경의 일본 옥구도 표류기　　80
- 제6화 : 1724년 도근천 백성 이건춘의 일본 대마도 표류기　　87
- 제7화 : 1723년 조천관 백성 이기득의 일본 오도 표류기　　89
- 제8화 : 1723년 성안 백성 김시위의 일본 오도 표류기　　97
- 제9화 : 1726년 북포 백성 김일남·부차웅의 유구국 표류기　　104
- 제10화 : 1704년 관노 산해의 일본 양구도 표류기　　121
- 제11화 : 1701년 대정현 관리의 일본 옥구도 표류기　　123
- 제12화 : 1729년 도근천 주민 고완의 일본 오도 표류기　　125
- 제13화 : 1720년 대정현 백성 원구혁의 일본 신공포 표류기　　127
- 제14화 : 1730년 관노 만적의 가라도 표류기　　130
- 제15화 : 어떤 사람의 이상한 섬 표류기　　132
- 최담석전　　134

영해기문(瀛海奇聞)	139
탐라기(耽羅記)	165
순해록(循海錄)	175
해산잡지(海山雜誌)	181
―어떤 사람에게 보낸 편지	193
탐라귤보(耽羅橘譜)	195
―서문	197
―상품 5종	198
―중품 5종	203
―하품 5종	208
부록	
―귤유보(橘柚譜) ― 임제	212
―귤유품제(橘柚品題) ― 조정철	214
―추사 감귤론(秋史 柑橘論) ― 김정희	226
―탐라직방설(耽羅職方設) 중 감귤론 ― 이강회	227
원문	229

서설

18세기 한 인문주의자의 제주 르포

1

1731년 9월, 정운경(鄭運經, 1699~1753)은 제주 목사로 부임하는 아버지 정필녕(鄭必寧, 1677~1753)을 따라 제주도로 건너온다. 그는 이곳에 머물며 딱히 할 일이 없었으므로 이 낯설고 물선 땅의 문화와 사람들의 삶을 관찰하여 기록으로 남길 작정을 했다.

막상 제주에 와서 보니 이곳 백성 가운데 뜻밖에 일본과 대만은 물론, 멀리 베트남까지 떠내려갔다가 구사일생으로 살아 돌아온 사람들이 적지 않았다. 바다 밖에는 어떤 사람들이 살고 있을까? 이참에 바깥세상의 소식이 궁금해진 그는 표류민으로 살아 돌아온 사람들을 차례차례 만났다. 그들이 전해주는 이야기는 참으로 신기하고 흥미진진했다. 정운경은 그들과 인터뷰한 내용을 하나하나 기록으로 남겼다.

그는 또 섬을 일주하고 한라산을 등반했다. 여행에 앞서 이전에 제주를 다녀간 사람들이 남긴 기록들을 꼼꼼히 읽고 주제별로 편집하여 제주의 인문지리적 특징들을 정리했다. 그들이 빠뜨린 내용과 자신이 직접 보고 들은 사실들은 자신의 기록으로 따로 남겼다. 그는 호기심이 많은 사람이었다. 제주도에 와서 처음 본 감귤은 생각보다 종류도 많고 생김새와 맛도 다 달랐다. 그는 이것도 놓치지 않고 기록했다. 이렇게 사람들을 만나 인터뷰하고, 이전의 기록들을 점검하며, 자신의 체험을 기록한 것을 모아서 《탐라문견록》이라는 책으로 엮었다.

18세기에는 이렇게 특정 주제를 파고들어 한 권의 전문서로 엮는 저술 활동이 매우 활발했다. 담배에 관해 정리한 이옥의 《연경(煙經)》, 관상용 비둘기 사육에 관한 책인 유득공의 《발합경(鵓鴿經)》, 앵무새에 관한 정보를 모은 이서구의 《녹앵무경(綠鸚鵡經)》, 흑산도의 물고기 생태를 살핀 정약전의 《현산어보(玆山魚譜)》 등등 이런 방식의 책들이 한꺼번에 쏟아져 나왔다. 이전에 볼 수 없던 새로운 형태의 지식 경영이 이루어진 것이다.

정운경의 《탐라문견록》은 이러한 18세기 양식의 전문서적 가운데서도 비교적 앞선 시기에 속한다. 《탐라문견록》은 18세기에 이미 폭넓은 독자층을 확보했던 꽤 유명한 책이었다. 18세기를 대표하는 문호 연암 박지원과 《임원경제지(林園經濟志)》의 저자 서유구, 호남의 3대 실학자 가운데 한 사람인 황윤석, 요절했으나 독서광으로 이름 높았던 유만주 등이 모두 이 책의 애독자였다. 그런데 이상하게도 이후 이 책은 사람들의 기억에서 완전히 사라졌다. 쟁쟁한 문인과 학자들이 한결같이 자신들의 독서 목록에 이름을 올렸던

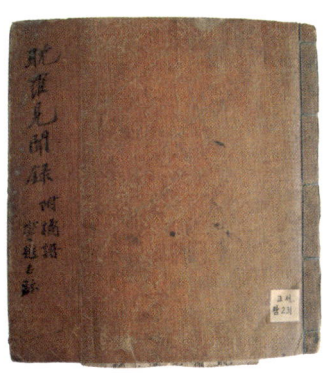

삼한총서본 《탐라문견록》의 첫 쪽. 편집자인 박지원의 이름이 적혀 있고, '연암산방'이라고 적힌 원고지에 썼다.

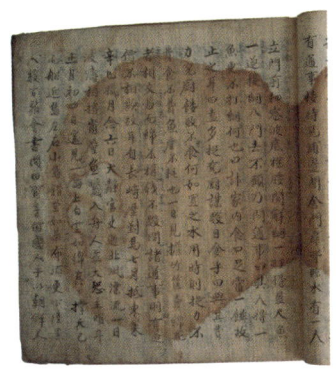

서강대본 《탐라문견록》 표지 및 본문.

이 책은 오늘날 제주도 사람조차 전혀 알지 못하는 잊힌 이름이 되고 말았다. 어떻게 이런 일이 일어났을까?

현재 이 책은 단국대학교와 서강대학교 도서관에 필사본으로 각각 소장되어 있다. 단국대본은 연암 박지원이 《삼한총서(三韓叢書)》로 묶기 위해 연암산방(燕巖山房)이라는 글씨가 찍힌 원고지에 옮겨 적은 것이다. 첫 장에 '반남박지원미재집(潘南朴趾源美齋輯)'이라 하여 연암은 편집자로서 자신의 이름을 밝히고 있다. 서강대본은 단국대본에 있는 내용의 상당 부분이 빠져 있고, 제목도 조금 다르다. 반면 단국대본에는 서문이 없는데, 서강대본에는 앞쪽이 잘려 나간 상태로 서문이 실려 있다. 두 본 사이에 글자의 출입은 그다지 심하지 않다. 다만 〈귤보〉는 상당한 차이가 있어, 한 차례 전면적인 개작이 있었음을 알 수 있다. 이 책은 단국대본을 대본으로 했다.

2

저자 정운경과 이 책의 집필 동기, 주요 내용에 대해 간단히 알아보기로 하자. 저자인 정운경에 대해서는 뜻밖에 알려진 것이 거의 없다. 문중을 통해 수소문해보아도 관련 기록을 찾기 어려웠다. 《해주정씨 대동보》를 통해 겨우 생몰을 확인할 수 있었을 뿐이다.

아버지 정필녕은 1714년 문과 중시에 급제한 이후 제주 목사와 도승지 등을 역임했으며, 1749년 호조 참판을 지냈다. 정필녕은 4남 2녀를 두었다. 정운경이 장남이고, 그 아래는 운강(運綱)·운유

(運維)·운기(運紀)이다. 또 유형(柳炯)과 남학춘(南鶴春)에게 시집간 두 딸을 두었다.

정운경은 자가 도상(道常), 호는 동리(東里)였다. 그는 1699년 2월 13일에 태어나 1753년 3월 28일에 세상을 떴다. 족보에는 문집이 있었다고 했지만 현재 전하지 않는다. 부인 남원 윤씨와의 사이에 딸만 둘을 두었다. 동생 정운유의 둘째 아들 후조(厚祚)를 입계하여 후사를 이었다. 후조 또한 후사 없이 세상을 떴다.

동생 정운유(鄭運維, 1704~1772)는 문과 급제 이후 영조의 신임을 받아서 대사간 등의 요직을 두루 거치고 공조 판서까지 지냈던 인물이다. 정운유의 아들은 조선의 다 빈치로 불리는 정철조(鄭喆祚, 1730~1781)[1]였다. 당대의 천재 문장가로 이름 높았던 이가환(李家煥)이 바로 정운유의 사위였다.

정운경은 소북(小北)의 집안이었다. 그 자신이 입사(入仕)하지 않았고, 입계한 정후조 또한 후사를 잇지 못해《탐라문견록》을 비롯한 그의 문적들은 흩어지고 말았다. 아버지를 따라 제주도로 건너왔을 때 그는 33세의 중년이었다. 제주목에 머물면서 특별히 할 일이 없었으므로 틈틈이 사람들과 만나 이야기를 듣고, 여행을 다니며 지냈다. 그의 시문은 따로 전하는 것이 없다. 다만《증보탐라지(增補耽羅誌)》에 산방굴사(山房窟寺)와 망경루(望京樓)를 읊은 7언율

---

[1] 정철조와 그 집안의 가학에 대해서는 안대회,《조선의 프로페셔널》(휴머니스트, 2007)의 138~177쪽에 수록된〈조선의 다 빈치-조각가, 정철조〉에 자세하다.

시 두 수가 실려 있을 뿐이다.

정운경이 제주에 머물면서《탐라문견록》을 지은 동기는 이만유(李萬維, 1674~?)[2]가 1732년에 쓴 서문을 통해 알 수 있다. 서문을 쓴 이만유는 정운경의《탐라문견록》이 예전 이원진(李元鎭, 1594~?)[3]이 편찬한《탐라지》의 소략하고 성근 부분을 보완해주는 중요한 자료라고 높이 평가했다. 특히 표류민 이야기는 직접 목격한 사람들에게서 들은 생생한 정보여서 원나라 때 마단림(馬端臨)이 지은《문헌통고(文獻通考)》나 마테오 리치의《직방외기(職方外紀)》에 적힌 외국에 관한 내용이 그저 풍문으로 전해들은 데서 나온 것과는 비교할 수 없다고 하여 이 책의 자료 가치를 인정했다.

《탐라문견록》에는 〈영해기문(瀛海奇聞)〉, 〈탐라기(耽羅記)〉, 〈순

2_ 이만유의 자는 지국(持國), 연안(延安) 사람이다. 이옥(李沃)의 셋째 아들로, 1674년에 태어나 1693년에 진사에 급제했고, 1705년에 문과에 올랐다. 벼슬이 집의(執義)에 이르렀다. 당시 그는 제주도에 귀양 와 있던 처지로, 저자인 정운경과 함께 여행을 하기도 했다.

3_ 이원진은 조선 중기의 문신으로 본관은 여주(驪州), 호는 태호(太湖)다. 1615년(광해 7)에 대북의 폐모론에 반대하여 이원익과 함께 귀양을 갔다. 1653년 제주 목사로 재임할 때《탐라지》를 편찬했고, 하멜 등 30여 명의 네덜란드 표류인을 서울로 압송한 일이 있다.

4_ 글의 제목은 단국대본과 서강대본이 서로 다르다. 단국대본의 〈영해기문〉은 서강대본에는 따로 제목 없이 본문이 시작된다. 〈탐라기〉는 서강대본에는 〈순해록〉으로 되어 있다. 〈순해록〉은 서강대본에는 〈후순해록〉이라고 했다. 또 〈해산잡지〉의 경우 서강대본에는 앞쪽의 세 단락과 뒤쪽의 여섯 단락이 빠진 채 중간의 한 단락만으로 〈한보록(閒步錄)〉이라는 제목을 달았다. 〈탐라문견록〉은 큰 차이가 없다. 〈귤보〉는 본문에 상당한 차이가 있어, 단국대본이 서강대본을 다시 개고해서 정리한 것임을 알 수 있다. 서강대본에만 서문 끝에 '임자년(1732) 5월 하순에 제주 망경루에서 정운경이 쓴다.'는 연기가 적혀 있다.

해록(海海錄)〉, 〈해산잡지(海山雜誌)〉, 〈탐라문견록〉, 〈귤보(橘譜)〉 등 모두 여섯 편의 글이 차례대로 실려 있다.⁴ 이 가운데 해외 표류민을 인터뷰한 〈탐라문견록〉이 전체 분량의 절반 이상을 차지한다. 〈탐라문견록〉을 책 제목에 다시 쓴 것으로 보아, 저자가 전체 글 가운데 표류민 관련 내용에 가장 비중을 두었음을 알 수 있다. 이 번역서에서도 〈탐라문견록〉의 자료 가치에 주목하여 원래의 순서를 바꿔 책의 맨 앞에 싣고, 나머지 제주도의 풍토와 유람에 관한 기록 및 〈귤보〉를 뒤쪽에 수록했다. 수록 순서에 따라 간략한 내용을 살피면 다음과 같다.

먼저 〈탐라문견록〉은 1687년 안남국(安南國, 베트남)에 표류한 조천관 주민 고상영의 표류기부터 1730년 관노(官奴) 만적의 가라도(加羅島) 표류기에 이르기까지 모두 14인의 표류 기록이 수록되어 있다. 이전에도 표해록이 적지 않지만, 이렇듯 하나의 저술에서 15건에 달하는 표류기가 한꺼번에 소개되고 있는 것은 달리 예를 찾기 어렵다. 끝에는 저자가 제주도에서 직접 목격한 최담석 부자의 감격적 상봉담을 적은 〈최담석전〉이 수록되어 있다.

〈영해기문〉은 정운경의 저술이 아니다. 기존의 제주 관련 기록을 정운경이 주제별로 추려서 편집한 내용이다. 김정(金淨)의 《충암록(冲菴錄)》, 《제주풍토록(濟州風土錄)》, 《지지(地誌)》와 임제(林悌)의 《남명소승(南溟小乘)》, 김상헌(金尙憲)의 《남사록(南槎錄)》, 최부(崔溥)의 《표해록(漂海錄)》 등에서 발췌하여 제주의 기후와 풍토, 언어와 풍습, 뛰어난 경치와 특산품 등을 주제별로 정리했다. 이 글을 읽으면 제주도의 인문지리적 환경과 이름난 풍경점의 대강을 파악할 수 있다. 간추린 제주 입문서인 셈이다.

〈탐라기〉는 1732년 2월 23일부터 2월 28일까지 5박 6일 동안 섬 전체를 일주한 여행 기록이다. 서숙(庶叔) 정택녕(鄭宅寧)과 약초군 김명곤(金命坤)이 동행했다. 제주현에서 출발하여 자단촌(紫丹村)·서귀진(西歸鎭)·의귀촌(依歸邨)·수산진(水山鎭)·가마곶(加馬串)·조천관(朝天館)을 거쳐 돌아오는 일정이었다.

〈순해록〉은 1732년 4월 12일부터 4월 16일까지 4박 5일 동안 바닷가를 따라 여행한 기록이다. 본현에서 산방산(山房山)과 송악산(松岳山)을 거쳐 모슬진(慕瑟鎭)과 명월진(明月鎭), 애월진(涯月鎭)을 들러 관아로 돌아왔다. 중간 중간 제주의 풍토에 대한 묘사가 보인다.

〈해산잡지〉는 그때그때 기록해둔 제주의 풍물과 풍광에 대한 적바림들을 모아 정리한 것이다. 제주 전체의 기후 특성과 자연환경을 꼼꼼하게 적었다. 백록담과 영실, 취병담과 용두암, 등영굴과 망경루의 경치를 상세하게 묘사했다. 제주 사람들의 삶을 관찰한 내용도 보이고, 직접 듣고 본 기이한 이야기도 있다. 끝에 어떤 사람에게 보낸 편지가 실려 있는데, 백두산과 제주도가 우리나라 산의 출발점이자 종착점이라 하며, 유사한 점을 나열했다. 한반도의 지세가 백두산에서 한라산까지 하나의 기운으로 이어졌다고 본 그의 지리관이 잘 드러난다.

〈귤보〉는 제주 감귤의 종류를 상중하 3품으로 나누고, 각각 5종

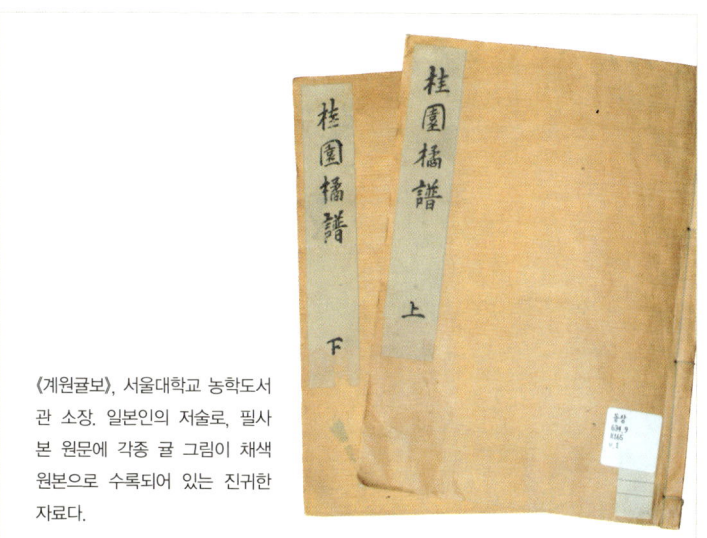

《계원귤보》, 서울대학교 농학도서관 소장. 일본인의 저술로, 필사본 원문에 각종 귤 그림이 채색 원본으로 수록되어 있는 진귀한 자료다.

씩을 예거한 내용이다. 모두 열다섯 가지 품종의 귤을 색깔과 맛으로 구분하여 상세히 설명했다. 제주 감귤에 대해서는 이미 앞선 시기에 임제(林悌, 1549~1587)가 〈귤유보(橘柚譜)〉를 지은 바 있지만, 아홉 가지 품종에 대해서만 지극히 소략한 내용을 정리한 데 그쳤다. 이에 반해 정운경의 〈귤보〉는 가지 수도 많고 묘사가 비교적 상세하여, 당시 제주도에서 재배되던 귤의 품종과 맛을 확인할 수 있다.

이 책에서는 제주도 감귤의 역사를 연구하는 데 참고할 수 있도록 부록으로 임제의 〈귤유보〉와 조정철(趙貞喆, 1751~1831)이 지은 〈귤유품제(橘柚品題)〉 15수, 그리고 김정희(金正喜, 1786~1856)와 이

강회(李綱會, 1789~?)의 제주 감귤에 관한 기록을 함께 수록했다. 또 근대 일본인이 지은 《계원귤보(桂園橘譜)》에 수록된 각종 귤 그림을 참고 자료로 함께 제시했다.[5]

3

《탐라문견록》은 당대에 어떤 반응과 평가를 받았을까? 이 책과 관련한 언급을 남긴 사람은 이익(李瀷, 1681~1763)과 박지원(朴趾源), 서유구(徐有榘)와 황윤석(黃胤錫), 그리고 유만주(兪晩柱), 이규경(李圭景) 등이다. 모두 18~19세기의 쟁쟁한 문인이요 학자들이다. 이들의 면면만 보더라도 이 책이 당시 얼마나 주목을 받았는지 알 수 있다.

가장 먼저 이 책을 인용하고 소개한 사람은 성호 이익이다. 이익은 《성호사설(星湖僿說)》 제9권 인사문의 '대발철시(大鉢鐵匙)' 항목에서 이 책의 한 대목을 인용했다. 그 내용은 일본에 표류해간 조선인에게 일본 통사(通事)가 한 말이다. 조선 사람들은 큰 주발에 놋수저로 밥을 다져서 배불리 먹으니, 사람들이 탐욕이 많지 않을

---

[5] 《계원귤보》는 저자가 분명치 않은 일본인의 저술로서, 서울대학교 농학도서관에 필사본 2책이 소장되어 있다. 이 책은 23종의 각종 귤 품종을 여러 문헌을 비교하여 설명하고, 각각의 설명 끝에 귤 그림을 채색 원화로 실었다. 실제 이 책에 나오는 귤의 이름과 정운경의 〈귤보〉에 적힌 귤의 이름이 꼭 일치하지는 않는다. 설명을 통해 같은 품종이나 유사 품종으로 보이는 것을 골라 본문 설명 옆에 참고 그림으로 수록했다.

수 없다고 했다. 또 외관(外官)이 3년에 한 번씩 교체되므로 한번 임지에 가면 재산 모으기에 혈안이 되어 백성의 고혈을 짜므로 민생이 도탄에 빠지게 된다는 것이다. 이익은 이 대목을 인용하면서 참으로 귀 기울일 만한 언급이라고 동감을 표시했다.

《탐라문견록》은 또 18세기에 유행한 각종 총서류 저작의 목록에도 예외 없이 올라 있다. 박지원은 1787년을 전후하여 우리나라 여러 문헌 가운데 중외(中外)의 교섭과 관련된 사실을 모아 편집하는 《삼한총서》를 기획했다. 그리하여 책으로 만든 것만도 20~30권가량 되었는데, 이 책의 저본이 된 단국대 소장본 《탐라문견록》이 바로 그 가운데 한 권이다.[6] 《삼한총서》는 현재 서목만 178건이 전해진다. 다른 책은 해당 부분만 발췌하여 초록하는 형태였는데 반해, 《탐라문견록》은 전편을 다 수록했다. 뿐만 아니라 박지원은 정조의 어명으로 역시 대만에 표류했던 제주 백성의 표류기를 정리한 〈서이방익사(書李邦翼事)〉를 작성하면서 이 책을 참고했음을 밝힌 바 있다.

서유구는 숙부 서형수를 이어 《소화총서(小華叢書)》를 기획했다. 이규경의 《오주연문장전산고(五洲衍文長箋散稿)》에 수록된 〈소화총서변증설〉 서목 가운데 '별사(別史)' 항목에 정운경의 《탐라문견지》가, '재적(載籍)'에는 《탐라귤보(耽羅橘譜)》가 각각 올라 있다.

---

[6] 이하 총서 관련 내용은 김영진, 〈조선 후기 실학파의 총서 편찬과 그 의미〉, 《한국한문학 연구의 새 지평》(소명출판, 2005), 949~983쪽에 상세한 내용이 수록되어 있다.

버클리 대학교 아사미 문고 소장의 〈임원경제지인용서목〉 안에 실린 또 다른 〈소화총서목록〉에는 '자여(子餘)' 28종 가운데 《탐라귤림보(耽羅橘林譜)》가 있다. 〈탐라귤보〉의 오기로 보이나, 제주도 귤림(橘林)에 관한 별도의 저술이 있었을 수도 있다.

황윤석의 《이재난고》 권 10에도 정운경의 《탐라문견록》을 읽고서, 표류기 가운데 고상영(高尙英)의 안남국 표류기와 윤도성(尹道成)의 대만 표류기, 그리고 〈제주귤보〉를 베껴 적은 것이 있다. 유만주의 《흠영(欽英)》에도 《탐라문견록》을 구해 읽었다는 언급이 나온다.

이들은 모두 《탐라문견록》 속에 실린 표류기에 흥미를 보였다. 〈귤보〉도 자료의 특이함 때문에 여러 총서에 그 이름을 올렸다. 모든 이들이 유독 표류 관련 기록에 주목한 것은 당시 매우 빈번하게 발생한 해양 표류 사고에 관한 최초의 본격적인 기록이라는 점이 작용했다. 하지만 무엇보다 이들의 흥미를 끌었던 것은 이들 기록 속에 담겨 있는 여러 외국의 풍물과 그곳 사람들의 생활에 관한 흥미진진한 보고 때문이었다.

국가 간 외교 접촉이 극히 제한적이던 18~19세기 당시, 표류는 민간에서 외국 문화를 체험하는 유일한 통로였다. 해양 활동의 증가와 어업 및 교역의 활성화로 나라마다 빈번한 표류 상황이 발생했다. 표류민의 구조와 송환 과정에서 나라 간에는 외교적 접촉 채널이 가동되고, 여기에 무역활동이 부수되면서 표류민 문제는 이 시기 동아시아 국가 간 교류에 매우 예민한 문제로 부각되었다. 최

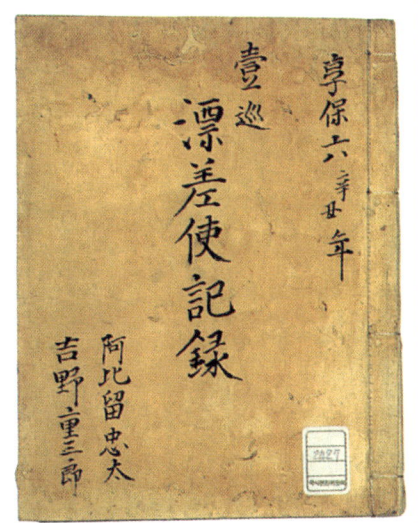

1721년 일본 일지도에 표류한 제주도민의 송환에 대해 기록한 대마도의 기록 문서. 이들 문서에는 표류자의 인적 사항은 물론 이들에게 지급한 물품 목록과 일정이 자세하게 기록되어 있다.

근 들어 각국의 표류 관련 기록을 통해 동아시아의 문화 교류를 살피는 작업이 부쩍 활발해진 것은 이 때문이다.[7]

우리나라의 경우 최부의 《표해록》 등 개별적인 표해 기록들이 적지 않게 남아 있다. 하지만 실제 발생한 표류의 빈도에 비교해본다면 그 기록은 엉성하다 못해 빈약하기 짝이 없다. 반면 일본에 표류한 조선 표류민 관련 기록은 일본 쪽에 엄청난 양의 공식 기록들이

[7] 국내의 주요 연구 성과는 이훈, 《조선후기 표류민과 한일관계》(국학자료원, 2000)와 한일관계사학회 편, 《조선시대 한일표류민연구》(국학자료원, 2001), 김영원 외, 《항해와 표류의 역사》(솔, 2003) 등이 있다. 일본의 경우 이케우치 사토시 교수의 《근세일본의 조선표류민(近世日本の朝鮮漂流民)》(일본 임천서점臨川書店, 1998)이 대표적인 연구 성과다.

남아 있다. 일본의 경우 이케우치 사토시(池內敏) 교수의 정리에 따르면 18세기 100년 동안만 보더라도 공식 기록으로 남은 것만 409건이 있고, 표류민의 숫자도 수천 명에 달한다.[8] 그런데도 표류에서 송환까지의 구체적인 경과나 과정에 대한 기록은 공문서 외에는 별로 남아 있는 것이 없다. 그런데 정운경의 《탐라문견록》에는 일본을 비롯하여 유구국(琉球國, 오키나와)과 안남국, 대만 등지로 표류한 14인의 표류 기록과 그들의 견문 및 송환 과정 등이 한자리에 모여 있어서 18세기 당시의 표류사 연구에 대단히 중요한 정보를 제공한다.

박지원과 서유구 등 총서를 기획했던 학자들은 18세기 당시에 이미 이 자료의 가치를 십분 인정했다. 하지만 이후 이들의 총서 기획이 실패로 돌아가고, 정운경의 집안도 후손이 끊기는 등 영락을 거듭하게 되면서 《탐라문견록》은 차츰 사람들에게 잊히고 말았다.

4

이제 〈탐라문견록〉에 실린 표류 관련 내용을 살펴볼 차례다. 먼저 〈탐라문견록〉에 수록된 14인의 표류 기록을 표로 정리하여 그 개황을 보이면 다음과 같다.

8_ 이케우치 사토시, 앞의 책 뒤쪽에 실린 부록에 1,000건, 1만 명이 넘는 조선 표류민 관련 기록이 연대별로 잘 정리되어 있다. 그는 또 99건에 달하는 일본인의 조선 표류 기록도 도표로 정리했는데, 우리나라 쪽에는 따로 정리된 것이 없다.

번호	표류인 및 동행자 수	출항 목적	표류일 및 표류 지점	표착일 및 표착 지점	회항일 및 도착일	경유지	송환 방법	소요 일시	비고
1	朝天館 新邨 住民 高尙英 외(24인)	대둔사로 가서 글을 배우려고 (김대황의 진상선에 편승)	1687년 9월 3일, 추자도 근해	10월 2일, 安南國 會安郡 明德府	1688년 8월 7일 출발, 12월 13일 제주도 대정현 硯川 정박	會安府-廣東省-福建省-永福-浙江省-湖州府-寧波府-普陀山-濟州道	중국 상선에게 1인당 쌀 30석씩의 사례를 약속하고 배편으로	1년 3개월 10일	부록으로 〈安南國明德侯上我國文〉이 있음. 두 사람의 표해록이 따로 있음.
2	新邨 尹道成 외(30인)	장사	1729년 8월 18일, 火脫島 근해	9월 12일, 臺灣府 彰化縣 大突頭	11월 13일 출발, 1730년 5월 20일 압록강 건넘.	彰化縣-朴昌縣-會稽-蘇州-北京-鴨綠江	배편과 육로로	9개월 2일	문답 내용이 자세함.
3	府의 아전 宋完 2와 동시 표류)	공무	上同	上同	上同	上同	上同	上同	풍물 묘사
4	官奴 友彬 외	관무역	1679년 10월, 蛇所島 근해	표류 후 5-6일, 일본 翠芳島	1680년 2월 12일 승선, 10월에 제주 도착	翠芳島-九智島-山川浦-長崎島-對馬島-東萊-濟州	왜선의 인솔로	1년	조선 통사와 포로의 후예들
5	성내 백성 姜斗樞와 高자慶 외(54인, 2인 병사)	진상선(구황용 곡물 조달)	1698년 11월 29일, 추자도 근해	12월 8일, 일본 薩摩 屋鳩島	1699년 5월 16일 출발, 동래 도착	屋鳩島-薩摩-長崎島-平湖-岐島-對馬島-東萊	왜선의 인솔로	5개월 17일	조선 통사의 생활상, 일본 풍속 묘사. *일본 쪽에 관련 공문 남아 있음.
6	都斤川 백성 李ново 외 (60인)	상선(商船), 前 통제사가 죄를 얻어 흑산도로 유배 가던 도중.	1724년 2월 14일, 추자도 근해	2월 23일 일본 對馬島 久根浦	출항 하루 만에 동래 도착 (출발 일시 불명)	對馬島-東萊			내용이 소략함. *일본 쪽에 관련 공문 남아 있음.
7	朝天館 백성 李己得 외 (25인 : 제주인 17인 포함)	제주에서 진상물을 싣고 가다가	1723년 4월 8일, 中海	4월 16일 일본 五島 手羅島	7월 13일 대마도 도착, 9월 13일 출발, 거제도 도착	五島-長崎島-對馬島-巨濟島	왜선의 인솔로	5개월 5일	풍물 소개와 아란타 상선, 고래사냥 등 소개. *일본 쪽에 관련 공문 남아 있음.

바다 밖의 넓은 세상

번호	표류인 및 동행자 수	출항 목적	표류일 및 표류 지점	표착일 및 표착 지점	회항일 및 도착일	경유지	송환 방법	소요 일시	비고
8	성내 居民 金時位 외(상인 26인)	전라도 순천에서 돌아오는 길에	1723년 3월 25일	일본 五島 相村	6월 21일 對馬島 도착 후 7월 출발 東萊 정박	吾島-長崎島-對馬島-東萊	왜선의 인솔로	4개월	아란타 상인과 일본의 대외 교역 *일본 쪽에 관련 공문 남아 있음.
9	北浦 居民 金日男과 夫次雄 외	장사	1726년 2월 9일, 추자도 근해	3월 하순, 유구국	1726년 11월 초, 조공 사신 편에 중국 출발, 북경 거처 1728년 4월 18일 제주 귀환	琉球國-天海鎭-福建省-蒲城縣-杭州-蘇州-南京-楊州-北京-義州-濟州	유구국 조공선과 육로로	2년 2개월 9일	유구 풍속과 강남의 풍광 상세히 묘사됨.
10	官奴 山海 외 (39인, 2인 익사)	쌀을 구입하려고 해남으로 가다가	1704년 1월 10일	1월 22일, 일본 梁九島(薩摩 永良部島)	7월 대마도 거쳐 동래 도착	梁九島-山川浦-長崎島-對馬島-東萊	왜선의 인솔로	6개월	일본 풍습 묘사. *일본 쪽에 관련 공문 남아 있음.
11	대정현 관리 외(39인)	장사차 좌수영에 갔다가 돌아오는 길에	1701년 12월 26일	1702년 1월 4일, 일본 薩摩 屋鳩島	대마도(5월 22일) 거처 귀환	屋鳩島-山川浦-長崎島-對馬島		내용이 소략함. *일본 쪽에 관련 공문 남아 있음.
12	都斤川 주민 高完 외(15인)	경상도로 장사 갔다가 강진을 거처 돌아오는 길에	1729년 9월 30일, 제주 근해	10월 3일 일본 五島	對馬島(1월 27일) 거처 귀환	五島-長崎島-對馬島			내용이 소략함. *일본 쪽에 관련 공문 남아 있음.
13	대정현 居民 元九赫 외(28인)	장사차 흑산도로 갔다가 돌아오는 길에	1720년 11월 14일 추자도 근해	일본 筑前 神功浦	2월 長崎島 출발, 3월 30일 釜山 도착	神功浦-長崎島-釜山		4개월 16일	내용 소략. 일본 풍습 소개. *일본 쪽에 관련 공문 남아 있음.
14	관노 万迪	뭍에서 제주로 오다가	1730년 2월	조선 加羅島	10여 일 후 출항, 사흘 후 제주 도착	加羅島-濟州		10여 일	국내 표류 내용 소략

이상의 표에서 보듯 〈탐라문견록〉에는 모두 14건의 표류담이 실려 있다. 이 가운데 해외 표류가 13건이고, 1건은 국내 표류다. 이 밖에 1건은 구체적 표류 내용이 실려 있지 않은 전문(傳聞)을 수록한 내용이다. 해외 표류의 경우 안남국이 1건, 대만이 2건, 일본이 9건, 유구국이 1건 등이다. 일본으로 표류한 경우가 압도적으로 많다.

표류 기록은 아주 짧은 것도 있고 비교적 자세한 것도 있어 분량이 일정치 않다. 제1화 고상영의 표류기처럼 제보자의 기억이 명확하거나, 다른 참고할 만한 자료가 있을 경우에는 설명이 자세하다. 제보자의 기억이 분명치 않을 경우 간략하게 표류 사실만 기록했다. 모든 기록에 표류 날짜와 표류 지점 및 표착 지점, 그리고 송환의 경과가 구체적으로 적시되어 있다. 정운경이 제보자들을 직접 만나 하나하나 탐문한 내용을 적었기 때문이다.

정운경의 인터뷰에 응한 사람 가운데 가장 연장자는 1679년에 일본 취방도로 표류했던 관노 우빈이었다. 그는 사건 발생 후 무려 52년이 지난 시점에서 표류 상황을 구술했다. 1687년 안남국에 표류했던 고상영도 45년이 지난 시점에서 표류 상황을 구술하고 있다. 정운경이 매우 폭넓게 표류자들을 섭외했음을 짐작케 한다. 제2화와 제3화는 모두 1729년에 대만에 동시에 표류했던 두 사람과 인터뷰하여 각각 다른 시점에서 당시의 일을 기록했다. 또 제7화와 제8화에서 기록한 1723년의 일본 오도(五島) 표류기에는 서로 다른 경로로 표류했다가 일본 현지에서 조선인끼리 조우한 내용도 보인다. 제보자 가운데는 불과 2~3년 전에 표류했다가 살아 돌아온 지 얼마 안 된 사람도 있었다.

5

〈탐라문견록〉의 내용 가운데 특기할 만한 것을 간략히 살펴보기로 하자.

제1화 1687년 조천관 주민 고상영의 안남국 표류기는 이 기록 외에도 두 건의 서로 다른 표류기가 남아 있다. 가장 앞선 기록은 제주 목사였던 이익태(李益泰, 1633~1704)가 자신의 제주 재임 시의 일을 기록한 《지영록(知瀛錄)》에 실린 〈김대황표해일록(金大璜漂海日錄)〉이다. 이 책에는 고상영 등 표류민을 태워 온 중국 상인 진건과 주한원 등을 심문한 문답까지 상세하게 수록되어 있어, 함께 읽어보면 표류의 전말과 구조의 경과를 분명하게 알 수 있다.[9] 또 정동유(鄭東愈, 1744~1808)가 지은 《주영편(晝永編)》에도 1727년 역관 이제담(李濟聃)이 제주에 머물면서 고상영과 만나 안남국에 표류한 시말을 적은 내용이 보인다.

동일한 표류 사건에 대해 무려 세 가지 표류기가 전하는 것은 매우 이례적이다. 특히 정동유와 정운경의 기록은 같은 제보자에게서 얻은 것임에도 세부 묘사에서 상당한 차이가 난다. 서로의 기록

[9] 이익태 저, 김익수 역, 《지영록》(제주문화원, 1997)에 원문과 번역문이 수록되었다.

을 참고하지 않고 따로 제보를 받았기 때문이다. 특히 이 표류 사건은 전혀 국교 관계가 없던 안남국이 인도적 견지에서 중국 상선에 부탁하여 이들을 회송했고, 교류를 원하는 공문까지 보내왔으므로 당시에 크게 회자되었던 듯하다.

이후 천신만고 끝에 조선 표류민들을 데려왔던 중국 상인들은 조선 정부에 의해 쌀 대신 은으로 보상을 받았다. 하지만 어이없게도 이들은 자신들이 타고 온 배가 아닌 육로를 통해 북경으로 돌아가야 했다. 당시 청나라 황제는 조선 정부의 이 같은 일처리 방식에 어이없어하며, 이후로는 배가 있을 경우 바다를 통해 돌려보낼 것을 법식으로 삼게 했다. 당시 조선의 표류민 관련 일처리는 이처럼 서툴렀고 국제적 안목이 결여되어 있었다. 이익태의 《지영록》에는 제주도로 표류해온 중국인에 관한 기록도 여럿 보인다.

이 밖에도 정운경의 표류 기록 가운데는 여러 가지 흥미로운 내용들이 있다. 특히 표류민들이 예외 없이 제주도 사람임을 숨기려고 애쓰는 장면이 반복해서 보인다. 이는 1612년에 제주로 표착해온 유구국 태자가 탄 상선을 제주 목사 이기빈(李基賓)과 판관 문희현(文希賢) 등이 습격하여 재물을 빼앗고 그들을 죽인 사건의 여파 때문이었다. 이후 제주도민 사이에서는 외국에 표류하여 제주도민임이 밝혀지면 지난날 사건 때문에 무조건 죽인다는 소문이 널리 퍼져 있었다. 유구국 태자 살해 사건과 앞서 본 고상영 표류 사건의 후속 처리, 그리고 네덜란드인 하멜 일행이 제주에 표류하여 13년 넘게 억류되어 있다가 탈출하여 국제 문제로 비화되었던 사건 등 일본 돗토리 현 현립도서관에 소장된 〈조선 표류민도〉. 강원도 평해에서 표류한 12인의 모습을 그렸다. 현재 일본에는 조선 표류민의 모습을 그린 그림이 적지 않게 남아 있다.

에서 보인 조선 정부의 대응 태도를 보면, 당시 조선이 얼마나 국제 관례에 무지하고, 해외 정보에 어두웠는지 단적으로 알 수 있다.

전체 내용 가운데는 일본 쪽으로 표류한 경우가 9건으로 가장 많다. 이 가운데 제4화를 제외한 8건은 앞서 이케우치 교수가 정리한 〈근세 조선인의 일본표착연표〉에도 동일 표류 사실이 확인된다. 이 경우는 송환 절차에 따른 공문서도 남아 있어, 동시에 표류한 사람의 숫자와 이들의 정확한 표류 지점 및 송환 일시까지 알 수 있다.

표류 지점은 대부분 추자도 근해였고, 일본으로 표류할 경우 표착 지점은 일본의 오도(五島) 또는 사츠마(薩摩)의 옥구도(屋鳩島)일 경우가 많았다. 오도, 즉 고토는 현 나가사키 현(長崎縣) 미나미마츠우라 군(南松浦郡)에 속한 가미고토마치(上五島町)의 나마(奈摩)가 그곳이다. 일단 현지인에 의해 표류 선박이 구조되면 1640년대 후반에 정비된 도쿠가와 막부의 송환 절차에 따라 모두 나가사키로 보내졌다. 이후 이들은 매우 번거로운 절차를 거쳐 다시 쓰시마 섬으로 호송되고, 거기서 다시 일정한 절차를 밟고서야 조선으로 송환되었다.[10] 〈탐라문견록〉에는 그간 분명치 않던 표류민의 구호 과정 및 절차에 대한 구체적인 사례들이 여럿 실려 있어, 실상 파악에 큰 도움을 준다.

조선 표류민에 대한 일본인의 태도는 대부분 우호적이었다. 이

---

[10] 이훈, 《조선 후기 표류민과 한일관계》(국학자료원, 2000) 가운데 제2장 〈조선 후기 연안 주민의 일본 표착과 조선의 대응〉에 관련 내용이 자세하다.

19세기 나가사키 항구의 전경을 그린 그림. 즐비한 건물들과 늘어선 선박들이 당시 나가사키의 번화함을 잘 말해준다. 왼쪽 중앙에 있는 부채꼴 모양의 인공섬이 네덜란드인의 거주지역이었다. 앞바다에는 네덜란드 범선이 정박하고 있는 것이 보인다. 《항해와 표류의 역사》 중에서.

들은 이전에도 많은 표류민들을 보아왔으므로 후속 처리 과정도 일사불란하게 이루어졌다. 보통 송환까지는 5~6개월가량의 시간이 소요되었다. 또 막부가 정한 규칙에 따라 매일 일정량의 식량이 제공되었다. 그들은 임진왜란 당시 끌려간 조선인의 후예들을 통사(通事)로 고용해 이들과의 의사소통을 돕게 했다. 일본이 운영한 통사제도와 조선인의 후예인 통사들의 생활 및 의식도 이 자료를 통해 살펴볼 수 있다. 일본에 표류해간 이들은 제7화와 제8화에서 보듯 아란타(阿蘭陀) 상선, 즉 네덜란드 상선과 네덜란드 선원을 만나기도 했다. 당시 나가사키는 동남아시아와 네덜란드 등 각국의 상선이 수시로 드나들던 국제 항구였다.

대만과 안남, 유구로 표류했던 사람들은 모두 중국 강남 땅을 거쳐 북경을 경유해 육로로 송환되었다. 유구로 표류한 제9화 속의 김일남과 부차웅 등은 표류 이후 무려 2년 2개월 9일 만에야 제주로 귀환할 수 있었다. 이들의 송환 당시에는 호패나 마패에 여전히 명나라 때 연호를 쓰고 있는 문제가 논란이 되기도 했다. 그곳 사람들과 나누는 대화 속에는 이민족의 지배 아래 놓여 있던 중국인의 의식을 보여주는 내용도 있다.

대만이나 유구, 안남 등지의 낯선 풍속과 일본인들의 생활상 등 표류민들의 다양한 해외 체험은 당시 독자들에게 매우 흥미로운 내용이 아닐 수 없었다. 바다 밖에 자신들이 생각지 못할 만큼 드넓은 또 다른 세계들이 있다는 사실을 인지하면서 스스로를 우물 안 개구리처럼 답답하게 여기는 인식들이 싹텄다. 18세기 총서의 기획자들이 정운경의《탐라문견록》에 특별히 주목한 이유도 바로 이 점에 있었다.

하지만 이러한 내용은 국가의 입장에서 보면 그다지 탐탁지 않았을 법하다. 해마다 늘어나는 송환에 따른 보상비용도 만만치가 않았고, 표류민들의 전언을 통해 해외의 실상이 속속 퍼져나가면서 나중에는 무역을 목적으로 표류를 가장하는 이른바 '고표(故漂)', 즉 고의 표류자까지 생겨날 정도였다.

다산 정약용의 글을 보면 우리나라 사람이 일본에 표류하면 일본인들이 매번 새로 배를 만들어서 돌려보내주었는데, 배의 제도가 몹시 정밀했다. 하지만 조선인들은 우리나라에 도착하는 즉시 그것을 부수어서 일본의 방법을 배우려 하지 않았다. 다산은 상대의 좋은 점조차 배우려 하지 않는 조선인들의 편협한 시각을 신랄하게 비판했다.

실제로 18세기는 학자들 사이에서 일본을 제대로 알자는 붐이 일어난 시기이기도 했다. 그저 야만의 나라로 얕잡아보다가, 조선통신사의 공식 행차들이 일본으로 가서 그곳의 지식인들과 심도 있는 대화를 나누면서 일본에 대한 인식이 크게 바뀌었다. 이후 성대중의《일본록(日本錄)》과 원중거의《화국지(和國志)》, 이덕무의《청령국지(蜻蛉國志)》등 일본 관련 연구서들이 속속 저술되었다. 당시 지식인들 사이에 일본에 대한 정보 요구가 폭발적으로 늘어난 사정을 짐작케 한다. 그들은 통신사로 갔다가 귀국하면서 일본 지도를 구해 들어오기도 했다. 이러한 새로운 지식 욕구의 바탕에

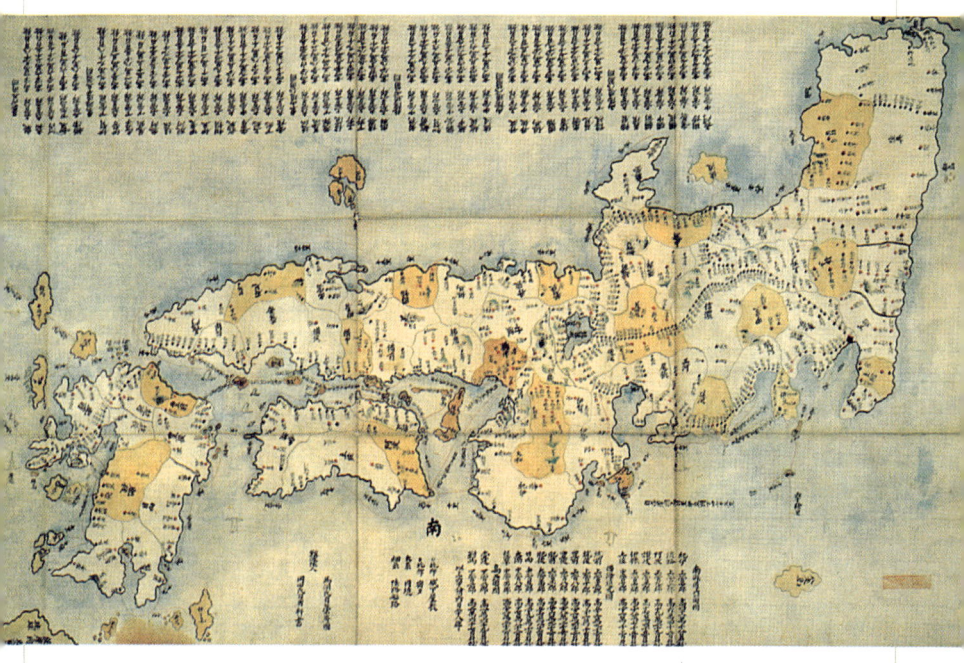

성대중이 일본에서 가져온 일본 전도. 지도 뒷면에 관련 내용이 적혀 있다. 이런 상세한 지도가 들어오고, 일본 지식인들과 직접 접촉한 체험을 바탕으로 해서 일본에 대한 관심이 부쩍 증대되었다. 《항해와 표류의 역사》 중에서.

는 앞 시기 정운경의 《탐라문견록》 같은 저작의 영향이 적지 않았을 것이다.

6

제주에 관한 네 편의 글은 다른 어떤 저술보다 제주도에 대한 체계적이고 정돈된 정보를 제공한다. 특히 〈영해기문〉은 이전의 저술에서 제주도 관련 정보를 갈래별로 간추려 재편집함으로써, 읽는 이들이 꼭 필요한 정보만 간추려 읽을 수 있도록 하는 길잡이 역할을 톡톡히 하고 있다. 그는 여기에 더하여 가는 곳마다 자신이 관찰한 내용을 상세히 덧붙이고, 앞선 기록에서 빠진 부분을 보충했다. 기행문 형식으로 소화할 수 없는 내용은 뒤쪽에 실은 〈해산잡지〉에서 비망록 형식을 빌려 보완하는 친절함도 잊지 않았다.

그간 제주 관련 기행문 자료들은 대부분 소개되어 연구되었는데, 유독 정운경의 《탐라문견록》에 실린 내용만은 한 번도 세상에 알려진 적이 없다. 금번 자료의 발굴과 번역 소개를 통해 이 부분에 대한 연구도 더 심도 있게 이루어질 수 있을 것이다.

한편 〈귤보〉는 제주도에서 재배되던 15가지 품종의 감귤을 소개한 내용으로 그 자료적 가치와 의의가 매우 크다. 정운경은 〈귤보〉의 서문에서 우리나라에서 나는 과일의 품종이 매우 많지만 귤은 오직 제주에서 생산되는데, 공물로 바치기에도 부족해서 사대부들이 몹시 진귀하게 여긴다고 썼다. 그 이름도 이루 다 꼽을 수 없을

근대 일본인이 지은 《계원귤보》에 나오는 여러 종류의 귤 그림. 상단 왼쪽부터 시계 방향으로 감자, 당금귤, 유자, 대귤의 그림이다.

만큼 많으므로 상중하 3품으로 나누어 그 색깔과 맛을 적어둔다고 했다. 말하자면 〈귤보〉는 정운경이 기획한 《탐라문견록》의 부록에 해당하는 글이다.

그가 〈귤보〉를 완성한 것은 1732년 윤 5월 하순의 일이다. 상품에는 유감(乳柑)·대귤(大橘)·동정귤(洞庭橘)·당유자(唐柚子)·청귤(靑橘)을 꼽았고, 중품에는 당금귤(唐金橘)·감자(柑子)·소귤(小橘)·왜귤(倭橘)·금귤(金橘)을 꼽았다. 하품에는 등자귤(橙子橘)·석금귤(石金橘)·산귤(山橘)·유자(柚子)·지각(枳殼) 등이 있다. 이렇듯 당시 제주에서 재배되던 15종에 달하는 귤에 대해 자세한 기록을 남긴 것은 뜻 깊은 일이 아닐 수 없다.

이 기록으로 말미암아 제주도 감귤 재배의 역사는 더욱 구체적인 실체를 갖게 되는 셈이다. 앞 시기 임제의 〈귤유보〉와 뒤 시기 조정철의 〈귤유품제〉를 포함, 그 밖에 《탐라지》에 보이는 시기별 귤원(橘園)의 운영 실태 등을 망라하여 제주 감귤 재배사를 정리하는 일도 가능해질 듯하다.

7

18세기에 우연히 아버지의 부임길을 따라 제주에 머물렀던 한 잊힌 지식인이 작심하고 정리한 《탐라문견록》은 여러 방면에서 매우 중요한 가치를 지닌 문헌이다. 표류사나 한일문화 교류사의 측면에서 소중한 정보를 제공할 뿐 아니라, 제주 문화사 연구나 감귤 재배사 연구에도 금쪽같은 내용을 담고 있다. 이제 까맣게 잊혔던 우리 문화사의 소중한 한 자료를 먼지 털어 세상에 선뵈며 나름의 감회가 없지 않다. 자료의 번역 소개를 계기로 이 책에 관한 심도 있는 연구가 활발하게 이루어지기를 기대한다.

  책의 제목을 《탐라문견록, 바다 밖의 넓은 세상》으로 단 것은, 표류 관련 기록이 이 책에서 가장 비중 있는 자료일 뿐 아니라, 이 책의 저자 정운경이 궁극적으로 독자들에게 던져주고 싶은 화두가 바로 여기에 있다고 생각했기 때문이다. 세계화 시대에 우리는 그때 조선이 그랬던 것처럼 여전히 우물 안 개구리의 독선과 아집에 빠져 있는 느낌이다. 정보의 발 빠른 공유와 확산을 통해 새로운 가치를 창출하고 미래의 비전을 획득하는 것은 우리의 책무이기도 하다.

탐라문견록

서문[1]

 정도상(鄭道常)이 제주도로 부임하는 아버지를 따라와서 한 권의 책자를 엮고, 《탐라문견록》이라 이름 지었다. 상편에서는 제주의 산천과 풍속에 대해 서술하고, 중편에서는 바다를 따라 노닌 내용을 적었다. 하편에는 표류하여 다른 나라에 갔던 섬사람의 이야기를 기록했는데, 기이한 볼거리와 신기한 들을거리가 많다. 〈귤보〉는 따로 부록으로 붙였다. 탐라는 우리나라 남쪽 끝 수천 리 바다 가운데 있다. 여기서 서울까지 가려는 사람은 반드시 푸른 바다를 건너 뭍에 내려 산을 넘고 물을 건너야 겨우 다다를 수 있다. 산천과 풍토가 이역과 다름없어 마치 중국의 남쪽 끝에 있는 담이(儋耳)나 주애(珠崖) 땅이나 다를 바 없다.
 삼을나(三乙那)의 옛 자취는 실로 아마득하여 고증할 수가 없다. 그 후 신라에 조공하고 고려에 얽매이고, 또 원나라에 복속되어 목장으로 되었다. 이것이 탐라가 시대에 따라 변한 대략의 자취이니, 역사책과 여지(輿誌) 등 여러 책에서 살펴볼 수가 있다. 조선에 들어와 처음으로 1주 2현을 세웠다. 이에 따라 가장 변두리의 땅이 내지(內地)와 다를 바 없게 되고, 오랑캐의 완악함이 문교의 혜택을 입게 되어, 역사의 기록 안에 포함되게 되었다. 하지만 지금껏 수백여 년 동안 그 옛날 중국의 상거(常璩)가 《화양국지(華陽國志)》를 펴

1_ 이만유의 서문은 서강대본에만 앞쪽이 잘려나간 채 실려 있다. 다행히 이만유의 문집인 《사암유고(思庵遺稿)》에 전문이 실려 있어, 이것을 싣는다.

낸 것과 같이 제주의 역사를 엮어 편집하여 한 권의 책으로 만든 것은 없었다. 근세에 태호(太湖) 이원진 공이 편찬한 《탐라지》가 있지만, 간략하고 빠진 것이 많아 아쉬운 점이 많다.

이 책을 쓴 정도상은 정밀한 생각을 가다듬고 글 쓰는 수고를 마다하지 않았다. 그 글은 간결하면서도 요령이 있고, 소략한 듯 상세하다. 또한 《남명소승》과 《남사록》, 《제주풍토록》 같은 여러 책도 내용 중에 포함했다. 외국에 관한 사실은 그 땅을 직접 밟고 몸소 목격한 표류민들이 직접 전한 것이다. 마단림의 《문헌통고》나 마테오 리치의 《직방외기》 등이 풍문으로 전해들은 의심스런 것에서 나왔음에 반해, 이 책은 믿을 만하다. 그렇다면 정도상의 이 책은 틀림없이 탐라의 한 가지 장고(掌故)가 되기에 충분할 것이다. 만약 여도(輿圖)를 기록하는 사람이 이 책을 가져다가 채록하여 앞서 이원진 공이 빠뜨린 것을 보충하게 한다면, 그제야 《탐라지》가 빠지거나 부족한 점이 없이 온전한 책 모양을 이루게 될 것이다.

내가 은혜를 입어 북쪽으로 옮겨가며 탐라 땅을 들렀다가 정도상의 이 책을 얻었다. 읽어보고 기뻐 마침내 이 글을 써서 서문으로 삼는다.

영조 8년(1732) 임자년 추석 전 12일, 연안 이만유는 제성산(濟城山) 아랫마을 여사(旅舍)에서 쓴다.

탐라문견록

耽羅聞見錄

제1화
1687년 조천관 주민 고상영의 안남국 표류기

　조천관(朝天館) 신촌(新村)에 사는 고상영은 17세 때인 정묘년 (1687, 숙종 13) 9월 초 3일에 해남 대둔사로 가서 그곳 승려에게 글을 배우려고 진상선(進上船)을 탔다. 저녁 무렵 추자도에서 2리 남짓 가까이 갔을 때였다. 갑자기 큰 바람이 서북 편에서 일어나고 비가 들이붓듯 내렸다. 배가 마구 흔들려서 거의 엎어질 뻔한 것이 여러 번이었다. 급히 돛대를 찍어 부러뜨리자 배는 나는 듯이 달려 잠깐 만에 바다 한가운데로 나왔다. 구름은 먹빛으로 드리웠고, 파도는 산처럼 일어섰다. 배에 실은 물건을 모두 바다 속에 버렸다. 밤낮 구분도 없이 12일을 가고서야 바람의 기세가 조금 수그러들었다. 배에 있던 식수는 이미 떨어졌고, 생쌀을 씹으며 허기를 달랬다.
　갑자기 제비처럼 생긴 새들이 날아와서 배의 들보에 모여 앉았다. 쌀을 집어 뿌려두자 쪼아 먹었으며, 사람이 가까이 가도 피하지 않았다. 배에 탄 사람들은 하늘이 우리를 지켜주려고 보낸 것으로 여겨, 모두 쓰다듬고 절하면서 살려달라고 빌었다. 배의 들보를 들어내 이를 세워 돛대로 삼았다. 돗자리를 걸고 키와 노를 정돈했다.

제주의 바다. 대부분의 배들이 표류하는 지점인 추자도 근처는 물살이 거세고 바람이 많아 많은 선박들이 그곳에서 조난당했다. 사진ⓒ권태균

새는 사흘 동안 배에 있다가 동북쪽을 향해 날아갔다.

다시 동북풍이 크게 일었다. 배를 통제할 수 없어 바람을 따라갔다. 또 17일을 가니, 멀리 구름 안개 속으로 섬이 보였다. 아마득하기가 주먹 하나만 했다. 점차 가까워지자 갑자기 또렷한 하나의 큰 섬이 되었다. 하지만 물 밑의 바위 끝과 암초 때문에 배를 댈 수가 없었다. 머뭇대는 사이에 배 한 척이 섬 뒤에서 노를 저어 왔다. 배 위에는 약 7~8명이 있었다. 말소리와 옷 모양이 자못 괴상했다. 수십 걸음 떨어진 곳에 배를 대고 손을 이마에 얹어 자세히 살펴보더니 배를 돌려 달아났다.

우리는 서로 상의했다.

"여기는 틀림없이 유구국이다. 만약 사실대로 제주에 산다고 말하면 죽음을 면치 못할 것이다. 전라도 흥덕현에 사는 백성이라고 자칭하여 살기를 구하는 것이 좋겠다."

약속을 정하자마자 25척의 작은 배가 나는 듯이 몰려와 사방을 에워싸니, 칼과 창이 빼곡하게 늘어섰다. 배의 사람들이 모두 당황하고 겁을 먹어 달아나려 했지만 방법이 없었다. 게다가 말마저 통하지 않았다. 다만 손으로 물을 떠서 마시는 시늉을 했다. 그들이 그 뜻을 알아차리고 작은 배를 보내 한 병의 물을 전해주었다. 우리 배 가운데 세 사람이 뱃머리에 있다가 이를 다 마셔버렸다. 그러자 모두 마치 술에 어리 취해 혼절한 것처럼 인사불성이 되었다. 주린 배에 갑자기 너무 많은 물을 마셨기 때문이었다. 나머지 사람들은 모두 물을 마시지 못했다. 다시 한 번 물을 마시고 싶다는 시늉을 하자 바로 물을 길어 보내주었다.

이때 진상 색리(進上色吏) 김대황(金大黃)이 배에 있다가 황급히 만류하며 말했다.

"앞서 세 사람은 여러 날 주린 배에 찬 물을 갑작스레 너무 많이 마신 까닭에 이처럼 어리 취해 아프게 되었다. 물을 끓여 조금씩 마신다면 틀림없이 괜찮을 것이다."

그렇게 하니 과연 괜찮았으며, 조금 정신이 맑아졌다. 김대황이 글을 써서 물었다.

"이곳은 어디이고, 귀국은 어떤 나라인가?"

물을 길어준 자에게 전하여 보여주자, 그들 역시 글로 써서 대답해왔다.

"이곳은 안남국이다. 그대들은 어디에 살고, 어떻게 여기까지 왔는가?"

우리는 서로 약속한 대로 대답했다. 그러고 나서 살려달라고 간절히 빌었다. 안남 사람 두세 명이 우리 배에 올라와서 배 위의 물건과 거동을 두루 살펴보더니, 마침내 닻줄을 안남국 배에 묶게 하고 갔다. 언덕에 채 닿기도 전에 남풍이 크게 일어났다. 배들이 모두 뒤로 물러났고, 안남국 배는 서둘러 닻줄을 풀고 배를 저어 언덕으로 올라갔다. 그러고는 깃발을 휘둘러 우리를 불렀다. 하지만 우리 배는 덩치가 큰 데다 물이 얕아 몇 리 못 가서 배의 밑바닥이 모래에 닿아 더 나아갈 수가 없었다. 큰 바람은 성난 듯 불어 배 위의 물건들이 다 뒤집혀 날려갔다. 좌우의 갑판도 부서졌다. 참으로 위급한 순간이었다. 안남 사람들이 뛰어 내려와 배로 왔다. 그들이 우리를 끌거니 업거니 하여 얕은 물을 건너 간신히 언덕에 올랐다. 우리 배를 돌아보니 이미 산산조각이 나 있었다. 돌아갈 희망이 끊어졌으므로 사람들이 모두 울음을 삼켰다.

안남 사람들이 네모나게 진을 만들었다. 대오가 정돈되고 엄숙하여, 시끄럽게 떠드는 소리가 없었다. 우리를 진 앞에 앉혀놓고, 글을 써서 수고했다고 지극히 위로했다. 조금 있더니 마을 사람들이 저마다 밥과 죽, 술과 고기를 가지고 와 먹게 했다. 또 감잎차를 마시게 했다. 우리는 해칠까 봐 겁나서 마음 놓고 배불리 먹을 수가 없었다. 다만 죽과 차를 마시는 데 그쳤을 뿐이었다.

저물녘에 우리를 자기들 배에 나누어 싣고 강물을 따라 10리쯤 들어갔다. 언덕 가의 훌륭한 집은 안남국 회안군(會安郡) 명덕부(明德府)의 관아였다. 검은색 웃옷을 걸친 한 관원이 말총 모자를 쓰고 가마 위에 앉아 있었다. 양옆에 있는 시자(侍者)의 복색도 대부분 같았다. 그가 우리를 뜰 아래로 부르더니 글로 써서 사는 곳과 표류하여 이곳에 이른 정황을 물었다. 또 글을 써서 보여주며 말했다.

"우리나라 태자가 일찍이 조선 사람에게 살해되었다. 그러니 너희에게 보복하여 태자의 원수를 갚아야 마땅하다."

우리는 그 글을 차례로 보고 모두 땅에 엎드려 목을 놓아 울었다. 그때 비단 옷을 입은 부인이 패옥을 쟁그랑대며 안에서 나왔다. 행동거지가 단아하고, 기이한 향기가 물씬 풍겨왔다. 부인이 글을 써서 보여주며 말했다.

"울지 마라. 우리나라는 본래 인명을 살해하는 일이 없으니 마음을 놓아라. 머물려면 머물고, 돌아가려면 돌아가라. 너희가 원하는 대로 해주겠다."

그러고는 시종에게 우리를 일으켜 눈물을 닦아주게 한 후, 각자 죽 한 그릇을 주어 마시라고 권했다. 우리가 다 먹자 군졸을 시켜 우리를 배 세 척에 나누어 싣고 한 섬으로 보냈다. 그곳에는 수십 칸짜리 집이 있는데, 파수꾼은 겨우 5~6명이었다. 드나드는 것을 금하지도 않고, 다만 하는 양을 살펴보기만 했다. 양옆에는 마을 집이 즐비하여 하나의 마을을 이루고 있었다. 이곳에 이틀을 머무는 동안 아무도 먹을 것을 보내주지 않았다. 말이 안 통해서 연유를 물어볼 수도 없었다. 우리는 서로 상의했다.

"저들이 비록 칼로 우리를 죽이지는 않았지만, 여기다 데려다놓은 것은 분명히 굶어죽게 만들려는 것이다. 시험 삼아 몇 사람을 마을로 보내 먹을 것을 구걸하게 하자. 만약 못 가게 막는다면 굶겨죽이려는 것이 틀림없다."

이에 젊은 사람 둘을 내보내 먼저 냇가에 가서 얼굴을 씻고 옷을 털게 했다. 파수하는 군졸은 지켜보기만 했다. 마침내 촌가에 가서 입을 가리키며 배를 두드렸다. 그러자 두 사람을 집 안으로 맞아들이고 의자에 앉히더니 차와 술을 권했다. 이어 탁자 하나에 밥과 반찬을 내오는데 푸짐하고 깔끔했다. 다 먹고 나자 쌀 서 말과 동전 60문, 망어(芒魚)·흰 새우·멸치 등을 절인 것 세 단지, 화문석 여섯 장, 그림이 그려진 도자기 그릇 열두 개를 꺼내 와서 우리 앞에 놓왔다. 우리 두 사람은 말 한 마디 못하고, 다만 합장하며 고개를 조아려 고맙다는 표시만 했다. 이웃 마을 남녀노소가 모여 구경하며 기뻐 웃고 시끄럽게 떠들어댔지만 한 마디도 알아들을 수가 없었다. 그들이 각각 3문의 돈을 주어 모두 300문 남짓 되었다. 이를 가지고 돌아와서 얻게 된 연유를 이야기해주었다. 우리가 모두 기뻐하니, 파수하는 군졸 또한 와서 보더니 다투어 솥을 가져다주었다. 이날 저녁 처음으로 밥을 지어 먹었다.

이후 날마다 촌가로 가 쌀을 구걸했다. 쌀이 3~4석에 이르고, 돈도 400~500문이나 되었다. 이같이 하기를 10여 일 만에 관에서 회안 땅으로 옮기게 했다. 그곳에서도 양식과 반찬을 주지 않아서 전처럼 사방으로 나가 구걸했다. 맞아들여 먹을 것을 주는 것이 전에 있던 곳과 똑같았다. 대개 그 나라의 풍속이 그러했던 것이다. 이로부터 온 고을을 두루 다녀 먼 데까지 다 가보았다. 시장과 가게의 위치도 훤히 꿰게 되었고, 풍속과 언어도 대략 이해하게 되었다.

땅은 토질이 비옥하고 논이 많았다. 그곳 백성은 남자가 셋이면 여자가 다섯이었다. 날씨가 늘 따뜻해서 소매가 넓은 홑적삼만 입고 바지는 안 입었다. 다만 작은 비단으로 앞뒤를 가렸을 뿐이었다. 머리는 풀어헤친 채 맨발로 다녔다. 남자는 천하고 여자가 높았다. 일 년에 누에를 다섯 번 치고, 벼는 3모작을 했다. 먹고 입는 것이 풍족하여 얼고 굶주리는 근심이 없었다. 경치가 아름다운 곳에는 반드시 누각이 있었다. 제도가 화려하고 사치스러웠다. 나무는 단목(丹木)·오목(烏木)·백단(白檀), 과일과 채소는 용안(龍眼)·여지

베트남의 상징인 물소. 덩치는 우람하지만 강아지처럼 온순하다. 물소는 인간에게 노동력만 제공하는 게 아니라, 주인의 가까운 친구이기도 하다.

(荔支)·계초(桂椒)·생강·토란·사탕수수·빈랑(檳榔)·종려(棕櫚)·파초 따위였는데, 이루 다 적을 수가 없다.

  소는 늘 물 속에서 지낸다. 밭을 갈거나 짐을 나를 일이 있으면, 사람이 물가에 가서 부른다. 그러면 일어나서 따라가는데, 주인이 아니면 고개를 들어 바라보고는 다시 누워 일어나지 않는다. 뿔은 일 년에 한 번씩 떨어지는데 모래톱에 이를 묻는다. 만약 사람이 다 가져가면 꼭 다른 곳으로 옮겨서 묻는다. 이것이 흑각(黑角)이다. 원숭이는 크기가 고양이만 하고, 털은 회색이다. 사람의 뜻을 잘 알아 심부름시키기에 편하다. 집집마다 쇠줄을 목에 매달아놓고 기른다.

  코끼리는 이빨이 한 자 남짓이나 길고, 몸뚱이는 큰 집채만 하다. 코끼리를 씻어주는 사람은 반드시 사다리를 놓고 등 위로 올라간

베트남의 무과 시험 장면을 그린 판화. 왼쪽은 코끼리를 타고서 무예를 겨루고 있다. 오른쪽은 문과 시험 풍경이다. 《호치민》(시공사, 2002) 중에서.

다. 털은 푸르스름한 흰색으로 길이가 짧다. 코는 길이가 10여 자나 되고, 사람이 손을 사용하듯 쓴다. 파초를 잘 먹고, 천아성(天鵝聲), 즉 태평소 소리를 잘 낸다. 군대를 조련할 때는 열을 지어 대오를 만든다. 사람이 가르쳐 소리를 내는데, 그 소리가 하늘을 진동한다. 코를 낮추면 소리가 잦아들고, 코를 들면 소리가 울려 퍼진다. 관에서는 먹을 것을 따로 주지 않는다. 다만 추수할 때 먹이는 사람이 코끼리를 몰아 밭 옆으로 가서 벼 대여섯 단을 달라고 해서 코끼리 귀에 걸고 간다. 만약 안 주면 코끼리의 코로 볏단을 마구 내던져

바다 밖의 넓은 세상 55

들판에 온통 흩어놓은 뒤에 그만둔다. 그래도 사람들이 감히 욕하며 말리지 못하니, 나라의 법이 그렇기 때문이다.

공작은 두루미에 비해 덩치가 훨씬 크다. 온 몸의 깃털에 오색 채색이 아롱져 있다. 수컷은 정수리에 몇 개의 머리 깃이 있는데 길이가 몇 자나 된다. 끝에 동전 같은 비단 무늬가 있다. 대개 이 깃털을 짜서 우단(羽緞)을 만든다.

앞서 찬물을 많이 마신 세 사람은 병으로 잇달아 죽어서 회안군의 산 밑에 묻고 나무를 깎아 표식을 만들었다. 표류하다 정박해 살아남은 인생이 하나는 살고 하나는 죽으니 가슴 아픈 정이 친척의 죽음 못지않았다.

하루는 그 나라에서 우리 다섯 사람을 불렀다. 엿새 만에 도성에 도착하니, 여염집이 즐비하고 궁궐이 우뚝 솟아 있었다. 국왕은 전각 위에 앉았고, 좌우의 시자는 칼을 찬 채 엄숙하게 줄지어 서 있었다. 대궐 마당으로 불려 들어갔다. 왕이 우리에게 표류하여 이곳까지 이른 형상을 글로 써서 물었다. 이어 각자에게 술과 음식을 내려주었다. 쌀 한 석과 돈 300문도 주었다. 자리를 파하고 회안군으로 돌아왔다. 그 후 해가 바뀌고 봄이 다 지나갔다. 더위가 또 기승을 부렸다. 관에서는 다시 고하거나 묻는 일이 없었다.

우리는 상의했다.

"우리가 돌아갈 기약이 아득하다. 나라로 가서 돌려보내주기를 간절히 빌어, 거취를 결정하는 것이 좋겠다."

이에 함께 나라의 도읍으로 갔다. 마침 국왕이 군사 훈련을 하고 있어서 진중에 들어갈 수가 없었다. 한쪽을 보니 강물이 흐르는데, 지키는 자가 드물었다. 우리는 물에 서서 울며 호소했다. 왕이 슬피 여겨 전처럼 쌀과 돈을 하사하고 회안으로 돌려보냈다. 또 국상(國相)을 보내 좋은 말로 위로해주었다. 중국 상선에 나누어 싣고 일본으로 보내려 한다고 했다. 중국의 장사치들이 이곳에 와 물건을 사서 일본에 가져다 파는 자가 많았기 때문이었다.

우리는 울며 말했다.

"만약 나누어 싣는다면 먼저 가는 배가 있고 나중에 가는 배가 있으니, 하나는 안전하고 하나는 위태로울 염려가 없을 수 없습니다. 우리는 함께 실려서 죽고 살기를 함께하고 싶습니다. 차마 어찌 나뉘어 떨어지겠습니까?"

이때 중국 상인인 주한원(朱漢源)과 배의 주인인 진건(陳乾), 뱃사공인 고전(高소) 등이 와서 말했다.

"우리의 배 한 척에 너희를 다 실어주면 잘 돌아갈 수 있다. 너희는 무슨 물건으로 우리에게 보상하겠는가?"

우리가 모두 기뻐하여 사람마다 쌀 30석씩으로 은혜에 보답하겠노라고 약속했다. 마침내 문권으로 증거했다.

국상이 이런 연유를 자세히 적어 왕에게 알리자 나라에서도 200전을 보상해주었다. 또 우리나라에 전할 문서를 주어, 그들에게 회답 공문을 받아오면 마땅히 후한 보상을 해주겠노라고 했다.

이에 배편을 정돈하고 우리 21명을 싣고 막 회안부를 떠나려는데, 쌀 1석을 내주었다. 마을 사람도 더불어 왕래하던 자들이 다투어 쌀과 돈 및 잡물을 보내왔다. 수효를 다 셀 수 없을 지경이었다.

무진년(1688, 숙종 14) 8월 초 7일에 돛을 올려 북쪽을 향했다. 9일 동안을 가서 광동성(廣東省)에 이르렀다. 그곳에서 사흘 동안 머문 뒤 바다를 따라 복건성(福建省)에 이르렀다. 그곳에서 20일 동안 머물렀다. 또 바다를 따라 영복(永福)에 이르러 한 달 남짓 머물렀다. 또 절강성(浙江省)에 이르러 며칠 머물렀다. 호주부(湖州府)에 이르러 여러 날을 머물며 장사했다. 또 금화부(金華府)와 영파부(寧波府)에 이르렀다. 보타산(普陀山)에 이르러 7일 동안 머물렀다. 무릇 다섯 달이 지나서야 다시 배편을 정리하여, 12월 13일 서남풍을 만나 제주를 향해 배를 출발했다. 사흘을 가서 대정현(大靜縣) 연천(硯川)에 정박했다.[1]

---

[1] 표류민을 호송해온 중국 상인 주한원 등 28인은 한양으로 압송되어 조선 정부로부터 약속한 쌀 대신 은 2,556냥을 보상 받았다. 그리고는 역관을 대동하여 육로를 통해 연경으로 보내졌다. 청나라 황제는 "어찌 압송해왔느냐." 며 이들을 풀어주고, 다음부터는 배가 있을 경우에는 표착민을 바다를 통해 보내고, 배가 없으면 봉성(鳳城)으로 인솔하는 것을 규례로 삼게 했다. 관련 내용은 이익태의 《지영록》에 실린 진건·주한원 등과의 문답에 자세하다.

| 붙임 | 안남국의 명덕후(明德侯)가 우리나라에 올린 글

안남국 명덕후 오(吳) 모가 영을 받들어 배에 실어 돌려보내는 일

정묘년 10월 사이에 바람에 표류하여 작은 배 한 척이 안남국에 도착했습니다. 24인이 모두 조선인이라 하는데, 무역을 위해 바다로 나왔다가 뜻하지 않게 풍파가 크게 일어 배가 부서지고 화물을 잃었다고 합니다. 조사 결과 귀국의 상민(商民)이었습니다. 동체(同體)임을 굽어 아끼고, 본국 왕의 호생(好生)의 은덕으로 격외의 은혜를 베풀어, 회안지방에 안착시키고 돈과 쌀을 주었습니다. 뜻하지 않게 이미 병이 든 세 사람은 죽고, 현재 남은 21인은 남풍을 기다려 배에 실어 돌려보내려 합니다.

다만 돌아가는 배들은 모두 광동과 복건 등에서 일본으로 가는 큰 배가 있을 때 파송하여 돌아가게 됩니다. 바다는 드넓고 앞뒤로 기후가 일정치 않아 반드시 도착하기를 기약하기는 어렵습니다. 이에 표류한 사람들이 마침내 고향으로 돌아가려는 소원을 이루지 못할까 염려했습니다. 계획이 온전치 않아 두 번 세 번 헤아리다가, 금번에 대청(大淸) 영파부(寧波府)의 상선이 금년 3월 사이에 화물을 싣고 안남국에 이르렀습니다. 본래 이 배는 객화(客貨)를 가져다가 무역하는 배입니다.

표류한 21인이 본국으로 돌아갈 것을 구하는 바람이 몹시 간절한 데다, 다행히 배의 주인 진유리(陳有履)와 재부주(財副主) 주한원

회안(지금의 호이 안)의 거리 풍경. 이곳은 중국과 동남아시아 제국 사이에 위치해 줄곧 동서 해양 교역의 요충 역할을 했다. 《바다의 실크로드》(청아출판사, 2005) 중에서.

등이 많은 사람이 괴롭게 타향에 떠도는 것을 불쌍히 여겨 개연히 의거(義擧)를 펴게 되었습니다. 특히 생업을 포기한 채 이 배에 탔던 객상(客商) 등을 다른 배로 보내고 이들을 본선에다 실어 조선으로 가서 본적으로 돌려보내, 표류한 사람들로 하여금 소원을 이루었다는 말을 하게 하려 합니다. 이를 위해 삼가 안남국왕의 영을 받들어 먼저 온 통행 공문을 영파부의 상선에게 인준하여주고, 상선의 화주(貨主) 등이 알아서 처리하여 본국으로 돌려보내는 일을 맡게 했습니다.

지금 선주인 진유리 등은 자금을 내놓아 배를 정리하고, 아울러 배에 길을 알려주도록 요청했습니다. 많은 뛰어난 사공과 모집한 승선 인원 등이 한마음으로 일처리에 응하는 외에 본국에서도 양식과 채소 등 먹을 것을 협조하여 조난당한 사람들을 도왔습니다. 날마다 먹는 비용은 선주 등이 이달 22일에 받아갔습니다. 돛대를 펼쳐 배를 띄웠으나 다만 관진(關津)의 조례가 삼엄한지라 이 비문(備文)을 인준하여 이송해줄지가 염려됩니다.

감히 바라건대 귀국 조선에서는 사실을 명확하게 조사하여 회문(回文)을 즉시 선주에게 교부하여주셔서, 이를 본국으로 가져와 걱정하는 마음을 위로해주시기 바랍니다. 장차 이 배가 정리를 마치고 조속하게 돌아가게 되기를 기원합니다. 저는 다행함을 이기지 못하고 모름지기 글을 드립니다.

정화(正和) 9년(1688, 숙종 14) 7월 22일.

제2화
1729년 신촌 사람 윤도성의 대만 표류기

　기유년(1729, 영조 5) 8월 18일, 신촌 사람 윤도성이 물건을 팔려고 배를 띄워 육지로 향했다. 함께 탄 사람은 30명이었다. 배가 막 화탈도(火脫島)를 지나자 날이 이미 저물었고, 동북쪽에서 바람과 비가 크게 일어났다. 밤이 칠흑처럼 어두워 어디인지 분간도 못한 채 갔다. 이튿날 돌아보니 추자도와 진도(珍島)가 이미 동쪽에 있었다. 낮 사이에 섬 하나가 앞쪽에서 가물가물했다. 간신히 키를 돌려 날이 저문 뒤에 섬에 다다랐지만, 배 댈 곳을 알지 못해 바다 가운데에 닻을 내렸다. 멀리 바라보니 물가에 고기잡이 불이 두세 개 가물거렸다. 우리는 나란히 늘어서서 사람을 살리라고 외쳤지만 응답하는 자가 없었다.

　얼마 있으려니까 닻을 묶은 줄이 바람의 힘을 못 이겨 끊어졌다. 배는 또 서쪽을 향해 떠내려갔다. 사람들이 모두 크게 두려워했다. 이튿날 아침 동남쪽을 보니 구름 안개 가운데 섬이 있었는데, 마치 한라산 같았다. 하지만 바람이 거꾸로 불어 섬을 향해 갈 수가 없었다. 이튿날은 바람의 형세가 더욱 고약했다. 돛대와 키의 꼬리가 다 부러져서 바다 한가운데서 바람을 따라 밤낮없이 흔들릴 뿐이었다. 5~6일이 지나자 먹을 물이 다 떨어졌다. 바닷물을 끓여 맺히는 이슬을 받아서 간신히 목구멍이나 축일 뿐이었다.

9월 초 8일에 큰 선박 두 척이 돛을 펼친 채 우리 배를 스쳐 지나갔다. 우리는 일제히 소리치며 목숨을 구해달라고 했으나 대답도 하지 않았다. 그 복색을 보니 중국 배였다.

초 10일에는 푸른색에 까치처럼 생긴 새가 배의 들보에 앉더니 한참 만에 날아갔다. 저녁때쯤 서쪽 방향에 희미하게 산의 형상이 있었다. 이튿날이 되자 그 산은 배에서도 또렷하게 보였다. 바람의 형세도 순해져서 그 산을 향해서 갔다.

12일 축시(丑時)에 배가 언덕에 닿았지만 파도가 워낙 드센 데다 배에 걸칠 사다리조차 없었다. 사람들은 모두 백사장이 있는 물가로 뛰어내렸다. 이때 달은 이미 서쪽으로 넘어가고, 새벽 조수가 막 밀려들고 있었다. 높은 언덕이 조수를 피할 만한 것인지 알 수가 없어서 무리지어 몇 리를 더 갔다. 갑자기 귤껍질 하나가 백사장 가운데 떨어져 있는 것이 보였다. 다들 여기가 사람이 오가는 곳이 분명하다고 여겨 둘러앉아서 새벽이 오기를 기다렸다.

통틀 무렵이 되자 동쪽으로 10리쯤 되는 곳에 돛과 돛대가 늘어서 있는 것이 보였다. 서쪽은 끝도 없는 갈대숲뿐이었다. 이에 서로 상의하여 말했다.

"이곳은 이역임에 틀림없다. 돛대가 있는 곳으로 가면 안 된다. 배를 모는 사람들은 인심이 예측하기 어려운 경우가 많다. 만약 우

18세기 대만 고지도.

리가 진귀한 보화를 지녔다고 의심한다면 해를 입기 쉽다. 차라리 서쪽으로 향해 가서 촌가를 찾는 것만 못하다."

이에 갈대숲 사이로 몇 리를 가니 한 줄기 작은 길이 나왔다. 길을 따라 가다가 오후 4시경에 한 사람이 물소로 멍에를 맨 수레 위에 앉아 있는 것이 보였다. 소는 크기가 보통 소의 세 배가량 되었다. 뿔은 길이가 서너 자나 되고, 색깔은 옻칠처럼 검었다. 수레 위에서 일산(日傘)을 펼쳐 햇빛을 막고 있었다. 우리는 모두 수레 앞에 절하며 엎드렸다. 말이 통하지 않았으므로 다만 입을 가리키면서 배를 두드려 먹을 것을 구하는 시늉을 했다. 그 사람이 허리춤에서 주머니를 풀더니 동전을 꺼내 사람마다 10여 개씩 주고는 손을 들어 남쪽을 가리켰다. 이에 우리는 남쪽을 향해 갔다. 10리가 채 못 되어 촌가가 있어서 촌 가운데로 들어갔다. 온 마을의 남녀가 모여서 우리를 보며 시끄럽게 떠드는데, 말소리가 짱알짱알하여 한 마디도 알아들을 수가 없었다.

윤도성이 나뭇가지 끝으로 땅에다 글씨를 써서 말했다.

"이곳은 어느 나라 어느 땅인가?"

한 사람이 나서서 이를 보더니만 또한 땅에다 썼다.

"대청국(大淸國) 대만부(臺灣府)와 맞닿은 창화현(彰化縣) 대돌두(大突頭)의 두번(杜番) 통사관(通事館)이다. 너희는 어느 나라 사람인가? 어떤 연유로 여기에 이르렀는가?"

윤도성이 또 글씨를 써서 대답했다.

"우리는 조선국 사람이다. 공무로 바다를 건너다가 악풍을 만나 표류하여 왔다. 굶주림이 몹시 심하니 죽과 마실 것을 나누어주기 바란다."

그 사람이 말했다.

"이곳은 음식을 대접하는 곳이 아니다. 다른 곳에 가면 절로 너희를 구해줄 사람이 있을 것이다."

이윽고 한 사람이 손을 잡고 한 곳으로 갔다. 공공건물 같은 집이 있는데, 자리를 깔고 앉게 하더니 사람마다 죽을 조금씩 먹게 했다. 잠시 후 한 사람이 필묵을 가지고 앞으로 오더니 물었다.

"나는 오방(吳芳)이라고 하오. 무릇 내가 묻는 말에 마땅히 자세하고 신중하게 대답해야 할 것이오. 장차 우리 현의 대노야(大老爺)에게 보고해야 하오."

이에 우리의 성명과 표류해온 날짜를 나란히 써서 주었다. 이튿날 오후 4시쯤 되자 말을 탄 사람이 수레 2~3대를 가지고 와서 우리를 나누어 싣더니, 현(縣)으로 가는 길을 따라 데려갔다. 양옆에는 군사가 따라오는데, 모두 대나무로 만든 활과 뽕나무로 만든 화살을 지니고 있었다. 모두 두 귀를 뚫어 사슴뿔 귀고리를 달았고, 쇠로 만든 팔찌를 두 팔뚝에 차고 있었다. 무릎까지 오는 긴 웃옷만 입고, 바지는 입지 않았다.

수십 리를 가자 한 관원이 남여를 타고 왔다. 등불이 앞에서 인도했다. 우리로 하여금 절을 올리게 하더니, 우리 25명을 나누어서 곧장 고을 안으로 이송했다. 그리고 윤도성 등 다섯 명을 이끌고 배가 정박된 곳으로 가서 그 형상을 살펴보았다. 그 이튿날에는 모두를 데리고 고을 안으로 갔다. 우리 25명을 나란히 앞장세워서 한 곳에 함께 머물게 했다. 관에서 식량이 지급되었다.

며칠 뒤 관원 한 사람이 오더니만 배에 있던 짐들을 조사했다. 그가 마패를 보더니 괴이쩍어했다. 정의 현감(旌義縣監)이 도임한 뒤에 상사(上司)의 마패가 배에 있었던 것이다. 그가 물었다.

"너희는 어찌하여 이 마패를 지녔는가?"

우리가 대답했다.

"관사(官事)가 있었던 까닭에 지닌 것일 뿐입니다."

그가 또 물었다.

"마패 가운데 어째서 명나라 때 쓰던 천계(天啓) 연호를 쓰고 있는가?"[2]

우리가 대답했다.

"그 당시에 주조한 것일 뿐입니다."

그 관원은 의심하면서 끝내 석연치 않아하다가 갔다.

그 후 7일 만에 관에서 정한 사람이 우리를 인솔하여 대만부로 가서는 상제묘(上帝廟)에서 지내게 했다. 하루는 진사라는 자가 와서 우리를 보더니 글을 써서 물었다.

"너희 나라의 법은 같은 성씨끼리 혼인하는 것을 금하는가?"

"그렇다."

그가 또 글을 써서 물었다.

"부인네는 개가(改嫁)를 하는가?"

"아니다. 그런 풍속은 없다."

"청상과부가 자식이 없으면 어디에 기대어 생활하는가?"

"비록 쓸쓸히 돌아갈 데가 없어도 친척이나 이웃에 기대서 산다. 개가하는 일은 없다."

진사가 말했다.

"아! 조선은 예의의 나라로구나. 아름다운 풍속이 이 같을 줄은

2_ 이미 청나라의 통치 아래 있는데, 조선에서 여전히 명나라 때의 연호를 쓰는 것은 청의 존재를 인정치 않겠다는 뜻으로 해석될 수 있으므로 이 문제를 민감하게 물은 것이다.

몰랐다."

그 후에 부윤(府尹)이 공복(公服)을 입고서 관아에 앉았고, 호위하는 병졸이 갑옷을 갖춰 입고서 세 번 구령을 외쳤다. 우리를 부르더니 관원이 글을 써서 보여주며 말했다.

"너희도 천조(天朝)의 백성이다. 지금 위의를 성대하게 펼친 것은 국법이 그렇기 때문이니, 겁먹지 말라."

그리고 잔치를 베풀어 음식을 먹게 하고는 상제묘로 돌려보내 주었다.

이튿날 30인의 의복과 이부자리를 만들어서 보내주었다. 다만 돌아갈 기약은 아득했다. 이에 돌려보내 줄 것을 구하는 뜻으로 부중(府中)에 편지를 올리니, 이렇게 답장했다.

"온전하고 튼튼한 초선(哨船) 한 척으로 장차 너희를 중국에 보내려고 한다. 뱃사공의 노비를 지금 준비하는 중이다."

11월 13일에 배가 출발했다. 뱃사공에게 물었다.

"여기서 몇 리를 가면 중국 어느 땅에 닿는가?"

"여기서부터 하문(廈門)까지가 5,000리 큰 바다이다. 큰 바다 가운데는 수적(水賊)이 많다. 그래서 반드시 50~60척이 함께 출발한 뒤라야 건널 수 있다. 너무 위험하다."

대저 대만 땅은 기후가 몹시 더워서 11월인데도 사람들은 홑옷만 입는다. 하지만 여름에도 더 더워지지는 않는다. 4~5월에 벼를 뿌려 가을이 되어 수확하는 것을 추미(秋米)라 한다. 9~10월에 또 씨를 뿌려서 겨우내 길러 3~4월에 수확하는 것은 계미(季米)라고 부른다. 누에는 치지 않고 목면(木棉)이 있을 뿐이다.

사탕수수가 아주 많으며, 줄기와 잎이 사탕 같다. 길이가 몇 자씩 되는데, 뿌리가 나오고 열매는 없다. 사람들이 베어다가 단으로 묶는다. 커다란 소거(樔車) 맷돌로 눌러 짜서 즙을 취해 솥에다 졸이면 소금 같은 것이 엉긴다. 사탕수수 줄기가 흰 것은 설탕과 사탕이 되고, 붉은 것은 흑설탕이 된다. 후추는 처음 심어 3년이 지나야 열매가 맺는다. 가는 곳마다 있어서 값이 아주 싸다. 조금만 서리 기운이 있어도 바로 죽기 때문에 이곳 외에 절강과 복건 등지에는 없다.

양과 말과 나귀는 모두 토산이 아니라 몹시 희귀하다. 물소는 아주 많다. 사철 내내 물에 몸을 담그고 산다. 혹 밭을 갈거나 짐을 실을 일이 있어 물에서 나와 일할 때는 사람들이 병에 물을 담아 그 몸에 뿌려준다. 잠시만 그쳐도 더워 숨을 헐떡이며 견디지 못할까 봐 겁내기 때문이다.

차관(差官) 뇌신(賴信)이 말해주었다. 대만은 남해 가운데 있는 하나의 큰 섬으로, 둘레가 1,000여 리나 된다. 근세까지만 해도 명나라의 제도를 그대로 지켰으나, 강희(康熙) 을해년(1695, 숙종 21)간에 복건(福建)의 군대를 크게 일으켜 와서 공격하므로 항복했다. 그 전쟁의 여파로 지금까지도 백성의 산업이 아직 회복되지 않았다 한다.

바람을 7~8일 기다려서야 배를 놓아 바다 가운데로 나섰다. 사흘을 가서 또 매운 바람을 만나 돛대와 노가 모두 부러져서 바람에 따라 떠내려갔다. 한창 위급할 때는 뱃사공 등이 배 가운데 모셔둔 작은 불상을 향해 머리를 조아리며 빌었다. 그 풍속이 집집마다 부처를 모셔두었는데, 배 가운데까지도 그러했다. 또 사흘을 떠내려가서 한 곳에 이르렀다. 뭍에 올라 물어보니 장주(漳州) 땅이라 했다. 복건까지의 거리를 물어보니 1,700리라 한다.

홍화부(興化府)의 혜안(惠安) 현천(顯泉)을 거쳐 박창현(朴昌縣)에 이르렀다. 현에서 복건까지의 거리는 70리이다. 길 가운데 강 하나가 있는데, 돌다리가 가로로 걸쳐 있다. 그 길이가 거의 10리나 되고, 홍문(虹門) 아래로는 큰 배가 돛을 펴고서도 다리 위에 부딪치지 않는다. 양옆으로 집들이 연이어져 저자를 이루니 매우 복잡했다. 그 다리의 장려함을 알 수가 있다. 그곳을 떠나 복건성 안에 도착했다. 지현(知縣)이 와서 사람 수를 점검하더니, 인솔해온 차관에게 조선 사람이 즐겨 먹는 음식을 물었다. 보내주는 음식이 잘 갖추어져 있어 애휼하는 정성이 간절했다. 우리는 복건에 머물며 지냈다.

경술년(1730, 영조 6) 정초가 되었다. 우리는 향촉(香燭)을 갖추어 관음사(觀音寺)로 올라가 기도했다. 절의 남쪽에 석교탑(石橋塔)이 있는데, 둘레가 몇 묘(畝)가량 되고, 높이는 100척이나 되었다. 탑 안쪽에는 층층마다 누각을 지었다. 계단과 사다리가 서로 이어져 있어서 사람들이 탑 안에서부터 차례로 올라가 꼭대기까지 이를 수 있었다.

초 2일에 복건 도독이 사람을 보내 우리를 초대했다. 그 문에 들어서니 현관에 '도독포정사아문(都督布政司衙門)'이라고 적혀 있었다. 일곱 겹으로 된 문을 지나고 나니 본부의 지현이 우리에게 머리를 조아리게 했다. 고개를 들어 바라보니, 도독은 풍채가 좋은 장부였다. 그는 그림으로 꾸민 침상에 걸터앉아 있었다.

도독이 지현에게 글을 쓰게 해서 물었다.

"너희 나라에도 과거제도나 벼슬에 임용하는 규례가 있는가?"

우리가 대답했다.

"대국과 견주어 한 몸인지라 이 같은 규례가 있습니다."

도독이 또 말했다.

"너희가 표류한 뒤에 너희 부모와 처자들은 틀림없이 너희가 죽은 것으로 생각할 것이다."

이에 우리가 눈물을 흘리면서 빨리 돌아가게 해달라고 간절히 빌었다. 도독이 또 말했다.

"너희처럼 먼 곳을 떠도는 사람들은 정월 보름 이전에는 길을 나서기가 쉽지 않다. 보름 이후에는 길을 떠나도 좋다."

우리는 사례하고 그곳을 나왔다. 이튿날 도독이 술 7석과 돼지 7마리, 양 1마리를 보내주었다. 또 은 300냥을 노비(路費)로 삼게 하고 차관을 정해주었다.

17~18일 사이에 뱃길로 길을 떠났다. 연평부(延平府)와 건녕부(建寧府)를 지나 회계(會稽) 땅으로 들어섰다. 산세가 험준하고 도로는 가팔랐다. 가흥(嘉興)과 송강(松江), 태창(太倉) 등을 지나 소주(蘇州)에 이르러서야 뭍으로 내려 길을 갔다.

3월 28일에 북경에 이르렀다. 옥하관(玉河館)으로 맞이하여 들어

가니 통사가 와서 말했다.

"마패의 일로 예부(禮部)에서 너희를 부를 것이다. 너희는 조심하여라. 만약 하는 말이 대만에서 보내온 문보(文報)와 차이가 난다면 반드시 대만에 조사하여 물을 것이다. 그렇게 되면 일이 꼬이게 된다."

얼마 있다가 예부에서 몹시 꼼꼼하게 캐어물었다. 다행스럽게도 말에 착오가 없었다. 시랑(侍郞)이라는 사람이 또 물었다.

"오늘날 너희 나라에서는 어떤 연호를 쓰는가?"

"옹정(雍正) 연호를 씁니다."

"옹정 이전에는 어떤 연호를 썼는가? 어느 해부터 옹정 연호를 썼는가?"

"옹정 이전에는 강희(康熙) 연호를 썼습니다. 계묘년부터 옹정 연호를 썼습니다."

이후로는 다시는 따져 묻지 않았다.

관소(館所)에 있을 때, 옆방이 바로 섬라국(暹羅國, 태국) 사신이 머물던 곳이었다. 그가 새 한 마리를 가지고 왔는데, 머리는 닭 벼슬 같고, 벼슬은 붉은색이었다. 목이 길고 다리도 길었다. 몸뚱이는 크기가 돼지만 했다. 깃털은 무늬가 찬란하여 사랑스러웠다. 먹이로는 날고기를 주었다. 진공(進貢)하는 날이 되자 사람들이 비단 수건으로 그 깃털을 닦아 더러운 것을 없애주었다. 다만 그 이름을 알지 못해 유감스럽다.

북경에서 소주와 항주까지의 운하는 진흙으로 메워진 곳이 많았다. 군대를 동원해서 준설 작업을 하고, 갈대를 묶어 제방을 쌓았다. 한 번 공사를 할 때마다 수만 명씩 동원되었다. 이와 같은 것이 곳곳에 있었다.

  5월 20일에 압록강을 건너 돌아왔다.

제3화
1729년 아전 송완의 대만 표류기

송완(宋完)은 부(府)의 아전이다. 윤도성과 함께 표류하다가 대만에 이르러 창화현에서 돌아왔다. 8일 동안 표류하다가 대만에 이르니, 길은 모두 바다를 끼고 밭 사이로 나 있었다. 들판은 비옥하여 한구석도 모래밭과 자갈땅이 없었다. 길 왼쪽에는 큰 산이 한 일 자로 하늘까지 걸쳐 있었다. 날씨는 따뜻했고, 땅에서 올라오는 기운은 습기가 많았다. 여염집은 모두 2층의 다락집으로 지었다. 네 계절 언제나 다락 위에서 산다. 방은 모두 갈대와 대나무로 시렁을 짰다.

상제묘에 있을 때 일이다. 대만 사람이 마패 가운데 천계 연호가 있는 것을 보고 다투어 전하여 살펴보더니, 크게 기뻐하며 말했다.

"대명(大明)의 제도가 여기에 남았구나."

어떤 이는 탄식하면서 마패를 차마 손에서 놓지 못하고, 그리워하는 기색이 말과 얼굴에 드러났다. 복건을 지나 포성현(蒲城縣)에 이르러 고개 하나를 넘는데, 그 높이가 구름과 맞닿았고, 양쪽의 큰 산이 하늘을 떠받칠 듯 둘러쌌다. 길가의 댓잎은 새벽이슬이 구슬처럼 얼어붙었다가 방울방울 떨어져 아래쪽에 쌓여 있었다. 대만 사람들은 태어나 얼음을 본 적이 한 번도 없었으므로 이것을 보더니 크게 기뻐하며 조심스레 가져다 보물처럼 어루만졌다.

항주를 지나는데 멀리 보니 동남쪽으로 산 하나가 우뚝 솟아 걸쳐 있었다. 꼭대기의 작은 산은 대접을 엎어놓은 것 같았다. 그 색깔이 붉어 마치 자줏빛 구름이 솟아나는 듯했다. 또 산 아래쪽 봉우리 하나가 빼어나 기둥처럼 우뚝 솟았다. 물어보니 큰 산은 천태산이고, 붉은 것은 적성(赤城)이며, 빼어난 것은 석주봉(石柱峰)이었다. 조금 구불구불하면서도 둥근 것은 안탕산(雁蕩山)이었다.

절강과 복건 등지의 물가에 사는 사람들은 모두 배를 집으로 여긴다. 아내는 노를 잡고, 사내는 닻줄을 끌어 왕래하는 나그네를 실어주고 뱃삯을 받아 먹고산다. 배 가운데서 자손을 길러 배 모는 것을 산업으로 여긴다. 이 같은 자가 이루 셀 수도 없었다.

산동 땅으로 접어들자 평야가 수천 리인데, 탑이나 누각 하나 없이 모두 밭이었다. 마을은 쓸쓸하여 강남의 풍부함에는 크게 못 미쳤다. 운하를 파서 열고 5리에 갑문(閘門)을 하나씩 두었다. 갑문 입구는 큰 배 한 척이 겨우 지날 만했다. 양쪽의 석축은 한 줄로 움푹 파고, 긴 판을 움푹 팬 안쪽에 넣어 꼭대기까지 차오른 물을 막아 버티게 했다. 운하를 지나는 배가 판을 열기를 기다렸다가 물을 터서 얕은 여울로 넘치게 했다.

제4화
1679년 관노 우빈의 일본 취방도 표류기

    기미년(1679, 숙종 5) 10월, 관노 우빈(友彬)이 관가의 무역 일로 배를 띄웠다. 술시(戌時)에 사소도(蛇所島)를 지날 때 북풍을 만났다. 파도가 솟구쳐서 잠깐 사이에 노가 부러지고 돛대가 꺾였다. 배의 갑판도 삐걱대며 틈이 생겼다. 이에 닻줄로 키를 대신하여 바람을 따라서 갔다.

    이튿날 저녁 무렵 동쪽 바다로 나왔다. 바람의 기세는 조금 수그러들었지만 배에 있던 기계들은 모두 부러지거나 망가져 버렸다. 그래서 바람이 부는 대로 이리저리 큰 바다 가운데 떠 있을 뿐이었다.

    5~6일째가 되자 서쪽 방향에 한라산이 보이는데, 마치 점 하나 같았다. 닷새가 지나자 다시는 보이지 않았다. 엿새째 되는 날, 멀리 동쪽 방향을 보니 섬 몇 개가 소라 머리를 한 것처럼 보였다. 이튿날 동틀 무렵이 되자 배는 이미 섬에 다다라 항구로 들어갔다. 모래 제방까지는 100여 걸음쯤 남아 있었지만, 키와 노가 모두 부러져 배를 몰아 가까이 댈 수가 없었다.

    배에 있던 사람 한 명이 헤엄쳐서 나갔다. 한참 후에 섬사람 두세 명과 함께 왔다. 모두 무늬 있는 옷에 머리를 밀었으므로 이곳이 일본 땅인 줄을 알 수 있었다. 이에 왜인이 급히 작은 배로 닻줄을 주어 우리 배를 끌고서 물가에 대게 했다. 우리는 모두 뭍으로 내렸다. 하지만 주리고 지친 뒤라 혼절하여 정신을 차릴 수 없었다. 저들은 생수 서너 홉씩을 양을 헤아려 조금씩 나누어 마시게 했다. 이어 흰 죽을 조금씩 주었다.

그들이 글을 써서 어느 나라 사람이며 무슨 일로 표류하여 오게 되었는지를 물었다. 우리 배에도 글을 아는 사람이 있어서 대답하여 써주었다.

"우리는 조선의 나주 사람이오. 장사하러 바다로 나섰다가 악풍을 만나 여기까지 온 것일 뿐입니다."

그 사람이 다시 달려가더니 잠시 후에 20여 명을 이끌고 왔다. 모두 길고 짧은 칼 두 자루씩을 차고 있었다. 옷의 빛깔은 검은 옷을 입은 사람도 있고, 무늬가 화려한 옷을 입은 사람도 있었다. 그들이 칼을 뽑아 대나무를 베어 울타리를 만들었다. 그 안쪽에 일곱 칸의 떳집을 얽더니만, 우리를 몰아서 그 안에 들어가게 했다. 그러고는 우리 배에 남아 있던 쌀을 가져다가 양을 헤아려주더니 이렇게 말했다.

"양식이 떨어지는 것을 헤아려 마땅히 우리가 이어줄 것이다."

그들은 우리에게 방풍채(防風菜)와 방어(魴魚) 젓을 주었다. 섬의 이름을 물어보았더니 일본의 취방도(翠芳島)라고 말했다.

하루는 파수 보는 왜에게 청하여 산에 올라가 그 섬을 두루 살펴보았다. 둘레는 20~30리에 지나지 않았다. 잡목이 울창하여 겨울 동안에도 늘 푸르렀다. 흙은 검은빛이었고, 돌은 모두 구멍이 숭숭 뚫려 있었다.

경신년(1680, 숙종 6)2월에 이르러 왜인이 말했다.

"너희가 표류하여 이른 일에 대한 보고서가 강호(江戶)까지 알려져서, 회답하는 이문(移文)이 이제 막 도착했다. 마땅히 장기도(長崎島, 나가사키)로 호송하여 고국으로 돌아가게 해주겠다."

12일에 왜선에 오르니 양옆에서 에워싸고 출발했다. 북쪽을 향해 반나절쯤 가서 구지도(九智島)에 이르렀다. 전처럼 파수꾼이 먹을 것을 주었다.

그들이 밭을 갈고 씨를 뿌리는 것을 보니, 짧은 쟁기로 대략 거죽의 흙을 뒤집을 뿐, 깊이 가는 것에 힘쓰지 않았다. 대개 아래쪽에는 큰 돌이 많고 흙의 성질이 가볍고 바싹 말랐기 때문이었다.

3월에 구지도를 떠나 육로를 따라 배를 몰았다. 4월 그믐 사이에는 산천포(山川浦)에 이르렀다. 작은 배로 어딘지 모를 곳에 통보하니, 한참 만에 통사라는 자가 배로 왔다. 능히 우리말로 이야기를 주고받으니, 기뻐서 마치 옛 친구라도 만난 것 같았다. 통사에게 물어보았다.

"그대는 우리말을 배워서 잘하는 것인가? 아니면 혹 우리나라 사람으로 표류해왔다가 이곳에서 사는 것인가?"

"내 할아버지는 본래 경상도에 거주하던 백성이었다. 임진년 난리 때 포로로 왔다. 같이 포로로 잡혀온 사람이 아주 많아 한곳에서 함께 살았다. 도망가 돌아갈까 봐 염려하여 나가서 장사하지 못하게 하고, 도자기 빚는 것만 허락하여 먹고 살게 했다. 마을 이름은 옹점(甕店)이라 한다. 할아버지와 아들, 손자 등 3대가 고향을 그리며 돌아가고픈 마음을 어찌 잠시라도 잊었겠는가? 다만 법으로 엄하게 금하는지라 생각만 있지 이루지는 못했다. 일생토록 애통함을 어찌 말로 다 하겠는가? 지금까지 조선말이 전수된 것은 온 마을이 말을 바꾸지 않았고, 제사 때는 조선의 의복을 입고, 평소에도 망건과 상투, 패랭이를 하여 옛 습속을 따랐기 때문이다. 왜도 그것을 금하지 않는다."

이때 취방도 사람들이 비로소 문서를 교부하고 돌아갔다.

5월 19일에 장기도에 도착했다. 관장(官長)이 우리의 숫자를 점검하고는 어떤 집으로 맞이하여 들어갔다. 이곳에 머문 지 한 달 만에 중국 배가 와서 정박하자 왜인들이 무리로 모여 교역했다. 대개 장사를 위해 온 자였다. 6월에 배를 출발하여 대마도에 이르렀다. 접대하고 먹을 것을 주는 것이 절차가 있었다. 7월에 동래로 돌아와 10월에 제주로 들어왔다. 가족들은 아직도 최복(衰服)을 입고 있었다.

제5화
1698년 성안 백성 강두추·고수경의
일본 옥구도 표류기[3]

　무인년(1698, 숙종 24) 11월 29일, 성안에 사는 백성 강두추(姜斗樞)와 고수경(高守慶)이 진상선을 타고서 추자도를 지나다가 갑작스레 악풍을 만나 표류했다.

　12월 초 8일, 바다 가운데 정(丁) 자 모양으로 된 돌산이 있었다. 석벽이 첩첩이 서서 허공에 버티고 있는데, 높이가 하늘까지 닿을 듯했다. 흙이 하나도 없어 초목도 나지 않았으며, 그곳에 배를 댈 수가 없었다. 동쪽을 따라 여러 날을 가니 마치 시루를 엎어놓은 듯한 섬이 하나 나타났다. 꼭대기에는 마치 일산처럼 생긴 소나무 한 그루가 있었다. 사방이 모두 바위인 데다 높이가 1,000길이나 되어 배를 댈 수 없었다. 다시 바람을 따라 동쪽으로 향하여 하루를 가니 큰 섬이 앞에 나타났다. 5경쯤에 배가 해안에 닿았고, 마침내 물을

---

[3] 국사편찬위원회 소장 《대마번종가사료목록집》 정리번호 6506번 문서에 당시 일본에서 작성한 관련 문건이 있다. 문건에 따르면 당시 54인이 함께 표류했고, 이 가운데 2인은 도중에 병사했다. 이들은 구황용 곡물을 조달하기 위해 제주 목사의 명으로 경상도로 향해 가다가 추자도 인근에서 표류했다. 5월 3일에 대마도에 도착했으며, 5월 16일에 동래로 돌아왔다.

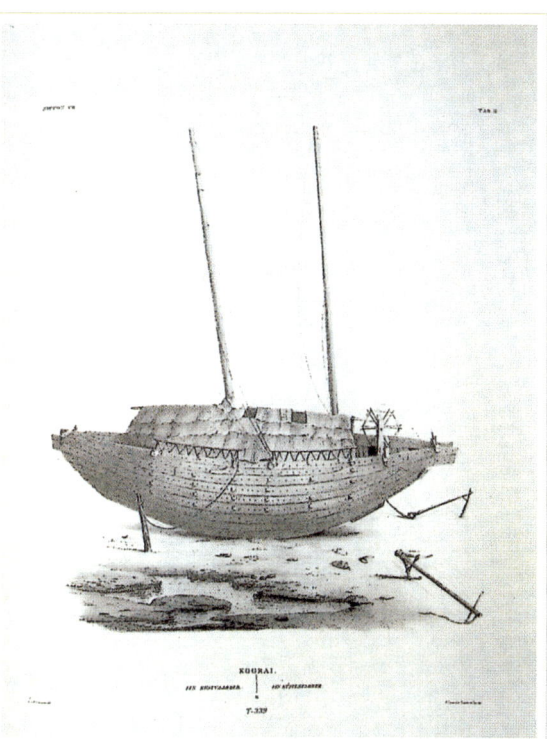

나가사키 네덜란드 상관의 의사였던 프란츠 폰 지볼트(Siebold)가 그린 조선 난파선과 제주 표류민, 《항해와 표류의 역사》 중에서.

길어 둘러앉았다.

동틀 무렵에 보니 멀지 않은 곳에 어선이 많이 있었다. 그래서 작은 종이에 이렇게 썼다.

"우리는 조선 사람으로, 표류하여 이곳에 왔다. 인명을 구제해주기 바란다."

우리가 손을 들어 그들을 부르니, 머리를 밀고 검은 옷을 입은 사람 하나가 달려오는데 그가 왜인 것을 알 수 있었다. 그가 글을 가지고 산을 넘어가더니 잠시 뒤에 작은 배 6, 7척이 나는 듯이 왔다. 그들이 우리 배 가까이로 오더니, 그 가운데 다섯 명이 우리 배로 올라와 물건과 짐 등을 검사했다. 그러고는 하늘을 향해 휘파람을 불어 바람을 일으키는 시늉을 했다. 배를 옮겨 다른 곳에 대려는 것 같았다. 이에 우리는 닻을 들고 노를 저으며 일제히 뱃노래를 불렀다. 가락이 해맑았다. 왜가 평생 처음 듣는 가락인지 일꾼들의 등을 치면서 몹시 기뻐했다. 그렇게 가서 한 포구에 정박했다.

양옆의 여염집에는 온 땅에 귤과 유자가 가득했다. 관리인 듯한 왜가 와서 서로 읍을 하고 나누어 앉아 문자로 수작했다. 그 땅은 바로 일본에 속한 옥구도(屋鳩島)였다. 조금 후에 작고 붉은 그릇에 찐 토란 여러 개를 담아 내오고, 차 두 사발을 권했다. 여러 날을 표류하여 떠도느라 어지럽고 정신없던 터에 기운이 돌아오고 정신이 상쾌해져서 마치 구름을 헤치고 하늘을 보는 듯한 느낌이 들었다. 이때는 한겨울이었는데도 기후는 아주 따뜻했다. 무청(蕪菁) 잎이 그대로 푸르렀다. 우리에게 준 쌀은 몹시 거칠었다. 그 까닭을 물어보았다.

"이 땅에서는 벼가 나지 않습니다. 유구국에서 사오는 바람에 이렇습니다."

우리는 다시 유구국까지의 거리를 물어보았다.

"바다 길로 하루 빈입니다. 일본에 비하면 조금 가깝지요."

기묘년(1699, 숙종 25) 정월에 배를 출발시켜 초 5일에 살마주(薩摩州, 사쓰마)의 산천포에 도착했다. 그곳에는 두 사람의 통사가 있었는데, 이름이 신청춘(申靑春)과 이흔위(李欣偉)라고 했다. 그들이 와서 표류하게 된 정황을 물어보기에 대답해주고 나서 그들에게 물어보았다.

"너희는 어떻게 우리나라 말을 잘하느냐?"

통사가 둘 다 구슬퍼하며 말했다.

"우리의 먼 조상은 모두 조선 사람입니다. 임진년에 포로로 잡혀와서 한 마을에서 같이 살지요. 포로로 잡혀온 사람의 자손이 지금은 수천 호에 이릅니다. 선대로부터 서로 전하여 집 안에서는 조선말을 씁니다. 그래서 배우지 않아도 능히 잘합지요."

하루는 통사촌에 사는 사람이 와서 말했다.

"온 마을 사람들이 조선인이 표류해왔다는 소식을 듣고 모두 기뻐하며 진실로 만나보기를 원합니다. 하지만 법으로 금하는지라 어찌해볼 수가 없어, 저 혼자만 왔습니다."

그러고는 우리에게 두루 절을 하며 기뻐 사모하는 것이 마치 부모를 보는 듯했다. 잠깐 만에 통사가 그 사람을 재촉해서 돌아갔다.

하루는 왜의 관리가 물건을 뒤져 점검하는데, 비록 터럭 하나라도 다 기록하여 빠뜨리지 않았다. 통사가 우리나라 말로 욕을 하며 말했다.

"왜놈들이 잔달기가 이렇습니다."

대개 그 땅에 살며 그 관장을 받들면서도 삼세(三世)의 분노가 여태 풀리지 않았던 것이다.

멀리 포구 옆을 바라보니 큰 건물이 웅장하고 화려했다. 통사가 말했다.

"이곳은 유구 사람이 머물러 사는 곳입니다. 일본과 더불어 통화(通和)하는 것이 부산의 왜관(倭館)과 한가지입니다."

날마다 해가 막 떠오르면 젊은 여자가 대나무 가지를 꺾어가지고 표주박 하나를 들고 사뿐사뿐 포구 옆으로 온다. 표주박으로 물을 떠서 댓잎을 적시고는 해를 향해 가볍게 뿌리면서 입 속으로는 웅얼웅얼 말을 했다. 통사에게 물어보니, 남편이 배를 타고 먼 나라로 장사하러 갔는데 일본에서는 여러 고을을 나라라고 말한다 여태 돌아오지 않으므로 해를 향해 비는 것은 남편이 평안하고 일찍 돌아올 수 있게 해달라는 것이라고 했다.

2월 10일 사이에 우리를 배 두 척에 나누어 싣더니 근포(近浦)·방진포(方津浦)·섭본포(攝本浦)·풍본포(風本浦)를 지나 와지(臥只)·모량(毛梁)·살마(薩麻)에 이르렀다. 땅의 경계가 다한 까닭에 신청춘과 이혼위 등 두 통사는 각각 눈물을 흘리며 작별했다.

3월 초 5일에 장기도에 도착해서 관소에 머물렀다. 날마다 통사와 함께 지내며 이야기했다. 왜의 법이 대마도의 조선 통사 한 사람을 교대로 번을 세워 장기도에 머물러 있게 하다가, 만약 조선 사람이 표류해서 오면, 그들에게 접대케 했다. 통사가 말했다.

"조선은 먹고 입는 것이 풍족하니 진실로 좋은 나라입니다. 하지만 사람들이 탐욕스런 마음이 많고, 나라 법에 좋지 않은 것이 있습니다."

"무슨 말인가?"

"큰 밥주발에 놋수저로 밥을 퍼서 먹으니 탐욕스러운 것이 아니고 무엇이겠습니까? 일본의 법으로 말하면, 도주(島主)의 자리가 자손에게 전해져서 재물이 예전부터 남아돌아 넉넉하므로 백성을 침탈하지 않습니다. 그래서 백성이 아주 편안합니다. 조선은 외관(外官)이 3년마다 한 번씩 교체되니, 빈한한 양반이 요행히 100리 고을의 수령이 되면 온통 자손의 먹고살 도리에만 마음을 쏟아 과외로 징수하여 거두어 절제함이 없습니다. 이런 법이 좋습니까?"

그가 조선 지도를 꺼내 보여주는데, 부산에서 서울 남대문까지 붉은 줄로 길을 그려놓았다. 또 안팎 각 아문(衙門)에 있는 관원의 숫자도 갖추어 알게 해놓았다. 그리고 조선의 상말도 잘했다. 고수경과 더불어 장기를 두는데 통사가 말했다.

"조선은 대국(大國)이니, 만약 소국 사람에게 진다면 부끄러운 일이지요."

무릇 조선이 툭하면 대국을 일컫는 것을 두고 한 말이었다.

장기도에서 지낸 지 40여 일 만에 또 배를 떠나 평호(平湖)와 일

기도(一岐島, 이키)를 지나 대마도에 이르렀다. 이때 마침 단오를 맞아 집집마다 문 밖에 채색 깃발과 창을 세워놓았는데, 그 숫자의 많고 적음이 서로 달랐다. 물어보았더니 이렇게 말해주었다.

"아들이 하나 있는 사람은 깃발과 창이 다 하나씩이다. 아들이 여럿 있는 사람은 숫자 또한 같게 한다. 그렇게 해서 자식이 복을 받고 오래 살기를 비는 것이다."

단오에는 남녀들이 온통 채색 꽃이 그려진 옷을 입고 거리로 나와서 노는데, 몹시 아름다웠다. 이날 그해 들어 처음으로 우산을 쓰는데 비가 오거나 볕이 내리쬐지 않아도 모두 손에 우산을 들고 접지 않았다.

16일에 배를 출발하여 동래에 닿았다.

제6화
1724년 도근천 백성 이건춘의 일본 대마도 표류기

갑진년(1724, 경종 4) 2월 14일, 도근천(都近川)에 사는 백성 이건춘(李建春)이 추자도를 지나다가 서풍을 만나 동쪽 바다로 표류했다. 9일 만에 대마도 서쪽에 이르니 왜인 100여 명이 포구 옆으로 왔다. 그 가운데 관왜(官倭)가 지휘하여 작은 배로 우리 배를 묶어 끌고 섬 모퉁이를 따라갔다. 그렇게 하루를 가서 포구로 들어갔다. 통사가 와서 거주하는 곳을 물으므로 대답했다.

"나주 사람입니다. 배를 타고 진도를 지나가다가 서풍을 만나 표류했습니다."

"진도의 남쪽에는 추자도와 보길도 등 여러 섬이 있는데 어찌 그곳에 정박하지 않았는가?"

"밤이라 어둡고 바람이 드세 배를 제어할 수 없었습니다. 그래서

4_ 이 표류기는 내용이 대단히 소략하다. 관련 내용이 국사편찬위원회 소장 《대마번종가사료목록집》 정리번호 6506에 보인다. 문건에 따르면 당시 이들이 탄 상선에는 전 통제사 일행을 포함하여 모두 60인이 타고 있었다. 그들이 도착한 곳은 대마도 구근포(久根浦)였다. 전 통제사가 죄를 얻어 흑산도로 유배 가는 길이었는데, 병으로 인해 회항 도중에 표류했다. 표착일은 2월 17일로 되어 있어 조금 차이가 있다.

돗토리 현 현립도서관에 소장된 〈조선 표류민도〉의 부분. 중앙에 갓을 쓰고 남바위를 받쳐 쓴 양반이 보인다.

귀국의 땅에 이르게 되었습니다."

"알았다."

그 섬은 둘레가 제주보다 더 크지 않았다. 어지러운 바위가 뒤섞여 솟았고, 지형이 가팔랐다. 바위 사이에 이따금씩 보리밭이 보였으나 몹시 드물었다. 대개 바위가 많고 땅이 척박해서 밭농사에 적합지 않았다. 우리나라 부산 등지의 비탈과 밭 가운데 목맥화(木麥花)까지도 또렷이 살펴볼 수 있으니 바닷길의 멀고 가까움을 알 수 있다.

동남풍에 배를 출발하여 하루 만에 동래에 정박했다.

제7화
1723년 조천관 백성 이기득의
일본 오도 표류기[5]

　계묘년(1723, 경종 3) 4월 초 8일, 조천관에 사는 백성 이기득(李己得)이 배를 띄워 바다 가운데에 이르렀다. 멀리 바라보니 바다 물결이 하늘에 맞닿았는데, 어둡고 침침한 가운데 온통 안개의 기운만 벌떼처럼 자욱하게 몰려오는 것이었다. 사람들이 모두 바람이 몰려오는 것인 줄 알고 배를 돌릴 것을 상의할 즈음에 바람이 벌써 다가오고 파도는 하늘에 닿을 듯했다. 키와 노를 꺾어 바람이 내모는 대로 내맡겼다. 동쪽 큰 바다로 나와 7일을 가니 멀리 하늘 끝에 구름 한 점이 있었다. 사람들이 다투어 말했다.

　"바다의 섬 위에는 반드시 구름이 뜬다. 저것이 섬이 아니면 무엇이겠는가?"

---

[5] 국사편찬위원회 소장 《대마번종가사료목록집》 정리번호 6506번 문서에 관련 문건이 있다. 상인 25인이 함께 표류했는데, 제주 사람이 17인, 충청도 사람이 1인, 황해도 사람이 3인, 전라도 사람이 1인, 서울 사람이 3인 등 여러 지역 사람이 함께 타고 있었다. 이들이 탄 배는 오도(五島)의 수라도(手羅島)에 표착했다. 진상 물품을 싣고 4월 7일 제주를 떠난 이들은 4월 8일에 표류했고, 나가사키를 거쳐 대마도로 다시 돌아온 것은 7월 13일이었다.

이튿날 보니 엷은 구름 한 무더기가 마치 웅크린 개의 모습으로 떠 있는데, 양옆으로 가느다란 실낱이 하늘로 이어졌다. 사람들이 몹시 괴이하게 여겼다. 저녁때 점차 가까이 가니 구름이 높은 산 하나에 모여 있고, 동서로는 평지가 펼쳐져 있었다. 이것이 바로 실낱 같던 것이었다.

한밤중에야 해안에 다다라, 배에서 내려 샘물을 찾았다. 보리 이삭이 이미 누런 것을 보고 모두 크게 놀라 말했다.

"올 적에 우리 제주에는 가을보리에 아직 이삭이 나오지 않았다. 5~6일 사이인데도 이곳에서는 벌써 다 익었구나. 어찌 이국의 기후가 달라서 그런 것이 아니겠는가?"

동틀 무렵 빡빡머리에 검은 옷을 입은 사람 하나가 길고 짧은 칼 두 자루를 차고서 산에서 내려오다가 우리 배를 보았다. 그는 걸음을 멈추고 사방을 돌아보며 바라보다가 열 걸음쯤 와서 다시 서서 바라보며 관찰했다. 이렇게 하기를 몇 차례 하더니 급히 되돌아갔다. 우리는 모두 크게 두려워했다.

이윽고 검은 옷을 입은 사람 수백 명이 백사장 제방에 모여 배를 타고 노를 저어 왔다. 한 사람이 뱃머리에 서서 발을 구르며 소리치면서 손을 들어 서로 맞잡고 고리 모양을 지어 보여주었다. 우리는 그 뜻을 알지 못해 가만히 있을 뿐이었다. 저들이 초조하게 손을 맞잡기를 그치지 않았다. 한참 만에 우리가 닻을 들어 끈을 거두자 저들이 크게 웃으며 서로 떠들면서 기뻐했다. 또 닻줄을 던지며 배에 묶으라는 시늉을 했다. 그래서 우리는 닻줄 끝을 잡아 배에 묶었다.

배를 몰아 40~50리를 가서 한 포구로 들어갔다. 저들이 쇠닻을 가져다가 우리 배의 네 모서리에 내리고, 작은 배로 각각 닻 아래서 파수하게 했다. 밤에는 딱따기를 쳐서 잠을 자지 않고서 경계하여 지켰다.

하루는 선두(船頭)왜인이 뱃사공을 부르는 호칭와 글을 아는 사람을 불러 뭍으로 내리게 하더니 상을 차려 먹게 했다. 쌀과 소금, 젓갈과 땔감을 꺼내 앞에 놓더니, 종이와 붓을 주어 우리에게 물건의 명목을 죽 쓰게 했다. 또 '오도봉행(五島奉行)'이라는 네 글자를 쓰더니 그 아래에 우리의 성명을 붙였다. 쌀과 소금은 우리 배로 보내고, 문서는 가져갔다. 어디다 쓰는지는 모르겠다. 이후로는 한 통의 물조차도 반드시 문서를 받아서 갔다.

이튿날에는 공인(工人)을 불러 재목을 운반해 와서 우리 배를 수리해주었다. 무릇 8일 만에 오도(五島)를 떠났다. 어떤 때는 바다를 건너고, 어떤 때는 포구로 갔다. 사흘 만에 장기도에 닿았다. 왜선 30척이 길을 가리키며 잘 보호해주었다. 강어귀로 들어서자 양옆으로 돌로 축대를 쌓아놓았는데, 수면 위로 나온 것만 10여 자나 되었다. 모서리가 가지런하여 반듯한 것이 마치 깎은 것 같았다. 가로로 길게 30~40리나 뻗어 있었고, 섬돌 위에는 용마루가 비늘처럼 늘어서서 마치 날개를 펼친 듯했다.

포구 가에 배를 대자, 관원 같은 복색을 한 왜인 한 명이 우리 배로 와서 우리나라 말로 곧장 말했다.

"너희는 어느 지방에 살고, 어쩌다 여기로 왔는가?"

나가사키 항구 풍경을 그린 판화. 물가를 따라 축대를 쌓은 모양이 보인다. 앞쪽 중앙의 남만관에 네덜란드 국기가 게양되어 있는 것이 보인다. 나가사키 미술관 소장.

"나주 사람이오. 곡식을 팔려고 나섰다가 악풍을 만나서 표류해 왔소."

그가 또 말했다.

"너희 배에 있는 물건은 비록 터럭 하나까지도 지키는 사람이 있으니 염려 말라. 너희는 나를 따라오라."

그가 일행을 이끌고 한 아문에 이르더니 경계하며 말했다.

"관원들이 너희에게 물을 것이 있을 것이다. 그러면 마땅히 '우리나라에서 높여 받드는 것은 불법(佛法)입니다. 사람들은 모두 아미타불을 외우지요. 나라는 그 다음일 뿐입니다.' 라고 대답해라."

아문에 들어가자 관장이 물었다.

"너희 나라에서 높여 받드는 것은 무엇인가?"

일러준 말대로 대답했더니 더 묻지 않았다.

통사가 우리를 인솔하여 조선관에 머물게 하며 대접했다. 4~5일을 노는데, 구경하는 자들이 몰려들었다. 그 가운데 터럭이 이마를 덮은 한 아이가 손가락을 꼽으며 말했다.

"다른 곳에 또 조선 사람 25인이 와서 머물고 있는데, 자세히는 모릅니다."

하루는 누각 아래로 조선 사람 두세 명이 왔다. 마주하고 보니 동향 사람 김시위 등이 표류하여 와서 이미 수십 일째 대접받고 있다고 한다. 김시위 등은 영광(靈光) 사람이라고 적었고, 우리는 나주 사람으로 적었다. 우리가 먼저 절을 하자, 통사가 명아주 지팡이로 문지방을 두드리며 성을 내면서 말했다.

바다 밖의 넓은 세상 93

"조선은 예에 익숙한 나라다. 나주는 관원이 있는 큰 고을이다. 어찌하여 영광 같은 작은 고을 사람에게 절을 올리는가?"

그가 계속해서 떠들어대므로 우리는 모두 크게 두려워했다. 두 배의 사람 가운데는 부자간이 만난 자도 있었다. 하지만 감히 부자간이라고 인정하지 못하고, 다만 울음을 삼키고 자리를 적실 뿐이었다. 이후로는 각각 관소에서만 지내고 서로 왕래할 수가 없었다. 김시위 등은 열흘 먼저 떠나갔다.

우리 배를 수리할 때는 반드시 우리의 지시에 따라 점검했다. 그래서 여러 번 포구 옆으로 왔다 갔다 해야만 했다. 여염집을 보니 부유하고 성대했다. 인물도 숫자가 많았다. 희곡 공연장도 있어서 나무인형이 혼자 움직이며 부채를 흔들고 칼을 휘두르기도 했다. 혹 작은 원숭이를 길들여 무릎 꿇고 절을 올리거나 졸졸 따라다니게 했다.

어느 날 밤에는 대포소리가 하늘을 진동하므로 몹시 괴이하게 생각했다. 아침에 들으니 아란타의 장삿배가 와서 정박했다고 한다. 한낮에 배가 있는 곳에 가서 보니, 강의 너비가 10리쯤 되는데 큰 배 두 척이 강을 가로막고 왔다. 배는 아래 위 2층이었고, 비단 돛을 가로로 여섯 장을 걸었다. 한 면으로 된 천기(天旗)는 장대만 15장(丈)이 넘었으니 그 배의 장려함을 알 수 있겠다.

사흘 뒤 배가 출발할 때 아란타 사람을 보았다. 작은 배로 뭍에 내리는데, 이마를 덮은 고수머리를 깎지도 않고 묶지도 않았다. 입은 옷은 일본과 비슷했는데 조금 헐렁했다. 절강과 복건 등의 상선

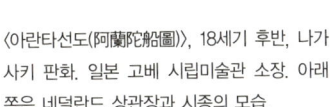

〈아란타선도(阿蘭陀船圖)〉, 18세기 후반, 나가사키 판화. 일본 고베 시립미술관 소장. 아래쪽은 네덜란드 상관장과 시종의 모습.

도 때 없이 왕래했다. 장기도에서 통상하는 화물이 일곱 나라라고 했다.

바다로 10여 일을 가서 한 섬에 닿으니, 100여 자가량 되는 돌로 쌓은 돈대가 있었다. 왜가 말했다.

"3~4월 사이에 사람들이 이 대 위로 올라가 멀리 바라보다가, 만약 고래가 수면에 떠서 수영하면, 대 위에 있는 사람이 깃발을 든다. 그러면 쾌속선 30척이 일제히 나가 바다 가운데 흩어진다. 한 배가 먼저 살을 쏘면 배 위에 깃발을 세운다. 그리고 여러 배가 일제히 몰려들어 다투어 이를 쏜다. 여러 배에서 쏜 화살의 줄을 합쳐서 끈을 만들어 끊을 수 없게 한다. 고래는 성이 나서 살을 매단 채 떨쳐간다. 배는 고래가 끄는 대로 간다. 성내는 것을 그치고 힘이 지치게 되면 서서히 물가로 끌어올려 이를 사로잡는다."

그 배를 보니 제도와 모양이 급수선(汲水船)보다는 조금 작고, 안팎으로 옻칠을 해서 거울처럼 비쳤다. 경쾌하면서도 매끄러워 파도 사이로 들고 날 때 나는 듯이 왕래했다.

그 섬에서 하루 동안 바다를 지나 대마도에 다다랐다. 9월 13일 대마도를 출발한 후 중간에 바람을 만나 간신히 거제도에 정박했다.

제8화
1723년 성안 백성 김시위의 일본 오도 표류기[6]

계묘년(1723, 경종 3) 3월 25일, 성안에 사는 백성 김시위(金時位)가 육지에서 들어오다가 서북풍을 만나 일본 오도로 표류했다. 왜인이 구제하여 6일 동안 보호하며 가서 장기도에 이르렀다. 관소에 들어가니 통사가 접대하는데, 서로 오래 지내다 보니 자연스레 정이 생기고 익숙해졌다. 하루는 그 방에 가서 통사가 병풍 안쪽에 앉아 막 식사하는 것을 보았다. 놋그릇, 숟가락, 밥사발 등의 그릇이 모두 우리나라의 제도나 모양과 같았다. 이에 웃으며 말했다.

"상관(上官)통사의 칭호다께선 어찌하여 몰래 만드셨소?"

통사 또한 웃으며 말했다.

"일본이 비록 법으로 금하고 있지만, 그릇과 의복이 쓰기에 간편하고 몸에 맞기로는 어찌 조선의 제도보다 나을 수 있겠소."

6_ 국사편찬위원회 소장 《대마번종가사료목록집》 정리번호 6506번 문서에 관련 문건이 있다. 제주도 정의현 출신 상인 26명이 함께 타고 있었다. 이들의 표착 지점은 오도 상촌(相村)이었다. 이들은 1722년 8월 18일에 진상 물품을 싣고 제주를 출발하여 서울에 전달하고 12월 5일에 서울을 출발했다. 3월 5일 전라도 영광에 도착해서 3월 25일에 제주로 향해 가던 중 표류했다. 6월 21일에 대마도로 이송되었다.

나가사키에서 영업 중이던 중국 상점의 모습. 당시 나가사키에는 이렇듯 여러 나라의 상선들이 출입하고, 상관을 개설해서 활발한 교역이 이루어지고 있었다. 나가사키 미술관 소장.

그러면서 장롱 속에서 망건과 도포, 철릭과 가죽신 따위를 꺼내 죽 늘어놓고 보여주며 말했다.

"조선은 예의가 잘 갖추어져 있소. 이러한 의관이 어찌 아름답지 않겠소."

"예복이 좋은 줄 알았다면 어째서 고쳐서 이를 따르지 않습니까?"

"나라 풍속이 예부터 다르기 때문이오. 갑작스레 고칠 수는 없겠지요."

하루는 통사가 옻칠한 궤짝을 앞에 놓더니 말했다.

"우리 도주(島主)께서 남경 상선에게 천금을 주고 이 보물을 샀소. 하지만 그 이름과 쓸모를 알지 못하겠구려. 혹시 알지 모르겠소."

마침내 짐승의 가죽을 꺼내는데, 범의 머리에 소의 발굽을 하고 있었다. 수염이 있는데, 길이가 몇 치쯤 되었다. 꼬리는 성글어 가늘었고, 털은 부드럽고도 촘촘했다. 색깔은 짙은 청색에 동전같이 생긴 흰 무늬가 있었다. 알록알록한 것이 아낄 만했다. 가죽은 크기가 말 두세 마리만 했다.

또 둥근 나무 하나를 꺼내는데, 길이는 예닐곱 치요, 높이가 몇 치쯤 되었다. 껍질은 후박나무 같은데, 빛깔은 검고 옅은 황색의 무늬가 있었다. 양끝에는 깎아 자른 흔적 없이 가죽의 색깔과 한 가지였다. 향내가 몹시 진해서 코를 막았다. 혹 손을 대서 물건에 닿아 움직이면 향기가 더욱 풍겨 나와 마치 연기가 어지러이 피어나는 듯하더니, 향내가 사람의 피부에 스몄다. 우리는 모두 그 이름을 알지 못했다. 그러자 통사가 물건을 싸서 간직해두었다.

하루는 통사가 우리를 이끌고 가서 남만관(南蠻館)을 보여주었다.[7] 그 사람들은 눈이 깊고 코가 높았다. 눈동자는 노랗고, 코는 가늘고도 길었다. 세상 사람과는 완전히 달랐다. 검은 옷을 입었는데 사지와 몸이 몹시 길고 컸다. 키는 한 장(丈) 반 가까이 되고, 손가락

---

[7] 남만관은 개항 도시인 나가사키에 머무는 네덜란드인을 위해 마련한 별도의 거주 지역인 데지마(出島)라는 부채꼴 모양으로 만든 인공섬을 가리킨다.

나가사키 항구 판화. 여러 척의 범선과 네덜란드 국기가 게양되어 있는 남만관이 보인다. 아래쪽은 남만관의 세부를 묘사한 판화. 나가사키 미술관 소장.

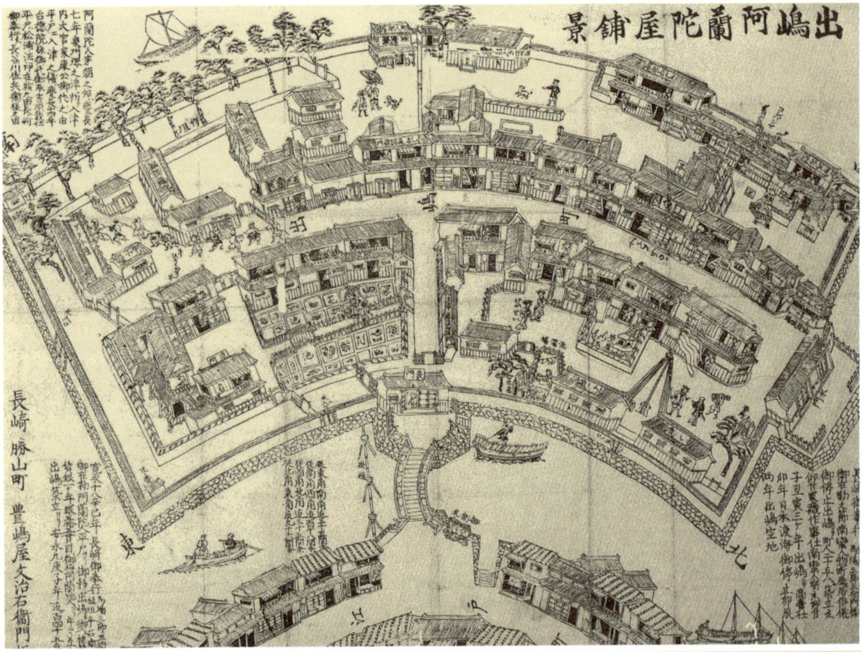

이 정강이만 했다. 그 모습이 북실북실했다. 머리에는 붉은 담요를 둘렀는데, 제도가 북방 오랑캐들이 쓰는 모자와 같았다. 여섯 사람의 면모가 서로 아주 비슷했다. 누린내가 나는데, 한 사람이 일어나 이리저리 다니자 50보 떨어진 거리에서도 그 냄새가 코를 찔렀다.

통사에게 물었다.

"저들은 장사차 와서 머무는 것입니까?"

"아니오. 일본과 화호(和好)하여 볼모로 온 것입니다. 3년마다 한 번씩 교체되지요."

그들은 태어나서 8~9세가 되면 덩치가 저리 커지고, 서로 혼인하여 성인이 된다. 50세만 되어도 오래 살았다고 하니, 50을 넘겨 사는 자가 없다. 왜도 이를 사람으로 생각지 않았다.

하루는 통사와 더불어 조용히 대화를 나누는데, 통사가 말했다.

"일본이 일찍이 조선에 덕을 베풀었는데, 조선은 알 수 없을 게요."

"무슨 말입니까?"

"남만이 제주를 치려고 했으나 바닷길이 익숙지 않아 일본에 군대를 청해 길잡이로 삼겠다고 했지요. 관백(關白)께서는 이를 허락하려 했지만, 대사마(大司馬)가 간하여 말했소. '일본과 조선은 강화를 맺어 이웃으로 좋게 지내 관계가 매우 도탑습니다. 어찌하여 일본 군대를 내어 조선 땅을 침략하려 하십니까? 남만이 치고 안 치고는 우리가 알 바가 아닙니다.' 그래서 관백께서 허락하지 않자, 남만 또한 그만두고 군대를 내지 않았답니다. 해외의 여러 나라

네덜란드 사람들의 식사 장면을 그린 판화. 나가사키 미술관 소장.

가운데 병력의 강성함이 남만보다 더한 곳이 없습지요."

다만 남만이 군대를 요청한 것이 어느 해에 있었던 일인지 알지 못하니 안타까웠다.

관소에 있을 때 동향 사람 이기득의 배도 표류해 와서 서로 만나 보았다. 6월에 장기도에서 출발하여 대마도에 이르렀다. 그곳에서 수십 일을 머물다가 물을 건너 동래에 정박했다.

제9화
1726년 북포 백성 김일남·부차웅의 유구국 표류기

　병오년(1726, 영조 2) 2월 초 9일, 북포의 백성 김일남(金日男)과 부차웅(夫次雄)이 물건을 팔려고 배로 떠났다. 동행은 모두 9명이었다. 추자도를 지나는데 동북풍이 크게 일어서 키와 노가 다 부러졌다. 배는 이미 진도 서쪽 바다로 벗어났다.

　이튿날 바다 안개가 베를 짜놓은 듯 자욱하여 지척도 분간하기가 어려웠다. 다만 바람을 따라갈 뿐이었다. 15일이 되자 한라산이 희미하게 동북쪽에 있는 것이 보였다. 이튿날에는 보이지 않았다. 그 뒤 30여 일 동안 사방을 둘러봐도 한 점의 섬도 보이지 않았다. 오로지 큰 바다 가운데로 떠갈 뿐이어서 어느 방향에서 바람이 불어오는지, 어떤 바다 위를 흘러가고 있는지조차 알지 못했다. 다만 해가 뜨고 지는 것을 살펴 동서를 구분할 따름이었다. 그 사이에 큰 물결이 솟구치고, 흉악한 물고기가 출몰하여 배가 위급했던 것이 여러 번이었다.

　3월 보름쯤에 남쪽 끝에서 검푸른 물결 사이로 섬 하나가 보였다. 배도 그곳을 향해서 갔다. 하루 이틀을 가자 바람이 또 바뀌어 섬이 있는 곳을 잃고 말았다. 이와 같이 여러 날을 보내고 나서 북풍을 만났다. 닷새를 계속해서 불더니 배가 곧장 그 섬을 향해 갔다. 섬이 점점 가까워졌지만, 노와 키 같은 것들은 부러지고 꺾여서 쓸 수가 없었다. 게다가 여러 날이나 소금물을 끓여서 이슬을 받느라 쪼개어 불 때는 바람에 남은 것이 없었다. 배는 마치 표주박이 혼자 떠가는 형국이어서 사람의 힘을 펴볼 수가 없었다.

이에 배가 두 산 사이를 따라 곧장 지나갔다. 배와 섬의 거리는 소 우는 소리가 들릴 정도에 지나지 않았다. 모래 언덕에는 보리가 한창 누렇게 익어 있었다. 소와 말이 풀을 뜯는 것은 보이는데, 사람은 보이지 않았다. 배에 탄 사람들은 모두 멍하니 구경만 했다. 잠깐 만에 섬을 지나 남쪽 바다로 나왔다. 4일을 가니 큰 섬이 앞에 있었다. 거의 배를 댈 뻔했는데 남풍을 만나 배가 북쪽으로 갔다. 또 3일을 가서 밤이 채 깊지 않았을 때 배가 저절로 한 섬의 포구 안에 가서 닿았는데, 전날 지나갔던 섬이었다.

사람들이 모두 배에서 내려 바위에 기대어 둘러앉았다. 그리고 두 사람을 시켜 샘물을 찾게 했다. 이날 밤은 칠흑 같아 벼랑의 길을 알 수가 없었다. 한 번 자빠지고 한 번 넘어지면서 가니 밭 사이로 물이 보였다. 평생 마실 물을 그렸어도 얻지 못하다가 갑작스레 마주하여 실컷 마시고는, 물통 하나에 담아 돌아왔다. 배 밑바닥을 뒤져 포대 안에 남은 쌀 다섯 되 남짓 되는 것을 찾아서 죽을 끓였다. 사람들이 모두 대충 목구멍만 축였다. 이때 하늘이 점차 밝아왔다. 또 몇 사람이 나가서 샘물을 찾았다.

한 사람이 절벽 가에서 비스듬히 앉아 반 상투를 맺은 채 두건으로 머리를 묶고는 떠오르는 태양을 향하여 옷을 벌려 이를 잡고 있었다. 그가 우리를 쳐다보고는 따라와서 배가 정박한 곳에 이르렀다. 우리가 한 줄로 서서 손을 맞잡고 읍을 하자, 그 사람은 머리를 땅에 조아려 엎드리는 것으로 예를 표했다. 말을 해보았지만 모두 알아들을 수가 없었다. 각자 한동안 가만히 있자니, 그 사람이 손을 들어 남쪽을 가리켰다. 비록 그 뜻을 알아듣지는 못했지만 고개를 끄덕거려주었다. 그 사람은 남쪽으로 달려갔다. 한참 뒤에 남녀노소 100여 명이 한꺼번에 몰려왔다. 우리는 몹시 두려웠지만 어찌해 볼 수가 없었다. 우리는 또 일제히 일어나 읍을 했다. 저들도 모두 머리를 조아리며 답을 했다. 하지만 언어를 이해할 수 없어 뜻을 전달할 길이 없었다.

저들 가운데 한 노인이 품속을 더듬어 종이와 붓을 꺼내 글자를 써서 보여주었다. 하지만 우리 가운데는 글을 아는 자가 없었으므로 알 수가 없었다. 때마침 배에 《언해천자문(諺解千字文)》이 있어 꺼내서 보여주니 저들이 크게 기뻐했다. 저들이 손으로 하늘 천(天)자를 짚으며 우리에게 보여주었다. 우리는 우리 음으로 이를 말했다. 다른 글자를 짚으면 또 우리 음으로 불렀다. 이에 서로 돌아보며 큰 소리로 떠들며 기뻐하는 기색이 있었다. 말을 배운 뒤에 그 말을 생각하며 말했다.

"중국의 음과 한가지다."

그러자 그들이 '고려(高麗)! 고려!' 하고 외쳤다. 하지만 우리는 고려가 조선의 옛 이름인 줄 몰랐다. 이에 천자문 가운데서 조(朝)자를 짚어주고, 선(仙) 자를 보여주었다. 그들이 또 말했다.

"맞아, 맞아! 조선과 고려는 본래 한 나라야."

그들은 흰 죽으로 우리를 다 먹였다. 혹 파초 잎으로 보리밥과 장을 싸가지고 와서 먹이기도 했다. 그들이 글씨를 써서 '유구국(琉球國)'이라는 세 글자를 보여주었다. 그제야 비로소 그 나라 이름을 알게 되었다.

사흘이 지나자 한 사람이 와서 '성명(姓名)'이란 글자를 써서 보여주었다. 우리가 그 뜻을 알아차리고 각자 성씨를 쓴 후 차례로 그 음을 불러주었다. 그 사람은 자기 나라 글자 우리나라의 언문과 같다.로 그 음을 따라 성씨 아래에 하나하나 주를 달았다. 또 각 사람의 행장을 점검하더니 이를 기록했다. 그러고는 차례대로 성을 부르더니 인솔하여 5리쯤 갔다. 새로 만든 몇 칸 집을 대나무 울타리로 에워싸 놓고 우리를 맞아들였다. 문을 나서는 자가 있으면 출입을 금했다. 그곳은 유구국에 속한, 산이 있는 하나의 섬이었다. 둘레는 50리이고, 가호(家戶)가 200~300가량이었다.

이곳에서 25일을 지낸 후에 왕도에서 문서를 보내왔다. 마침 왕도로 향하는 가라도 상선이 있었으므로 우리를 싣고 가라도로 갔다. 이곳은 둘레가 수백 리로, 본래는 일본 땅이었는데 근년에 유구로 소속을 옮겼다. 그 사람의 복색과 언어는 왜와 아주 비슷했다. 일본의 오도나 장기와 아주 가까웠다. 배에는 장기에서 장사하는 자가 있었는데, 예전에 조선의 표류인을 본 적이 있어 조선의 언어

《해행총재》에 실려 있는 유구국 지도.

를 이해할 수 있다고 했다.

　서남쪽으로 사흘을 간 후, 오후 4시쯤 되어 배가 국도에 정박했다. 길을 따라 몇 개의 섬이 있었다. 섬은 몹시 작았다. 밤이 되어서야 우리를 풀어주어 뭍에 내리게 했다. 군대가 세모나게 깎은 지팡이를 들고서 좌우로 나뉘어 늘어섰다. 우리에게 그 중앙을 따라가게 하고, 깁으로 싼 등불로 인도했다. 군대의 병사와 남녀 구경꾼들이 겹겹이 둘러쌌지만, 조용하여 시끄럽게 떠들지 않았다.

그렇게 몇 리를 가서 관사에 들었다. 그곳은 돌담을 높이 쌓아 넘겨다볼 수가 없었고, 문을 하나만 두어 사람을 시켜 지키게 했다. 일 없는 사람을 막는 것이 몹시 엄했다. 날마다 구경꾼이 몰려들었다. 그 의복 제도를 보니, 벼슬이 높은 사람은 반드시 가마를 탔다. 가마의 제도는 네 모서리에 기둥을 세웠는데, 가운데 한 사람을 태울 정도였다. 네모난 통과 주렴을 드리운 창은 모두 등나무로 가늘게 짰다. 멀리서 보면 어여쁘게 비치는 것이 아낄 만했다. 좌우의 밑 테두리는 가마 위로 반쯤 되는 곳에 있다. 가마꾼은 둘 또는 넷이었다. 관리 품계의 높고 낮음에 따라 달랐다.

의복은 긴 옷을 복사뼈까지 드리웠다. 소매는 반팔로, 가로 폭이 몹시 넓었다. 비단 띠는 너비가 몇 치인데, 세 번 둘러서 허리를 묶었다. 무릇 몸에 달고 다니는 패물은 모두 옷자락과 옷섶에 감추었다. 여인은 머리를 깎지 않고, 비단 두건으로 귀밑머리를 감쌌다. 높은 상투는 반쯤 늘어뜨렸다. 의복은 남자와 같았다. 허리띠는 없고 치마는 있다. 무릇 의복은 귀한 이나 천한 이나 구분이 없었다. 비단옷과 삼베옷을 섞어 입었다. 오색 채색이 찬란하여 꾸밈이 있었다. 다만 비녀는 높이의 차등에 따라 나뉘었다. 높은 사람은 금비녀를 쓰고, 낮은 사람은 은비녀를 쓴다. 서민은 주석비녀를 쓴다. 혹 가난하고 잔약한 자는 대나무로 비녀를 만든다. 여인의 대모잠(瑇瑁簪)은 길이가 한 자 남짓이다. 버선과 가죽신도 모두 다 가지고 있다. 아전들이 관장을 뵐 때는 반드시 버선과 신발 및 두건을 벗어 허리 사이에 보관하는 것을 예의로 생각한다. 언어는 시끄럽고 몹

유구국 귀족 내외의 복장. 도쿄 국립박물관 소장.

시 빠르다. 노래는 한 사람이 선창하다가 3, 4절로 바뀌면 10여 사람이 한 소리로 화답한다. 가락이 간드러져 처량한 것이 들을 만했다. 성이 나도 낯빛에 드러내지 않고 언성도 높지가 않다. 성난 것이 심하면 심할수록 목소리는 점점 낮아진다. 대개 남방의 억셈이 풀어졌기 때문이다.

장례는 승려가 길지를 점쳐서 돌로 광중을 쌓고 띠흙으로 그 위를 덮는다. 광(壙)의 전면에는 돌문을 만들어 열었다 닫았다 할 수가 있다. 그 속은 넓기가 마치 방과 같다. 사면에 쌓은 돌은 결이 반드르르하고 촘촘하다. 땅의 높고 낮음과 공력의 많고 적음에 따라

유구는 15~16세기에 조선, 중국, 일본, 동남아시아와 중계무역을 하여 번성하였다. 사진은 유구의 역대 국왕과 가족이 안치된 묘소이다. 《탐라와 유구왕국》(국립제주박물관, 2007) 중에서.

    값을 매긴다. 많게는 수백 금에 이르기도 하는데, 상을 당한 사람이 있으면 집 형편에 따라 산다. 널을 들어 광중 안에 안치한다. 만약 자손이 이어서 죽으면 차례대로 안치한다. 광중이 좁아서 더 이상 시신을 넣기가 어렵게 되면 다시 다른 땅을 찾는다. 절일에는 돌문을 열어 다과로 제사를 지낸다. 문짝에는 성명을 새겨서 적어둔다. 신분이 천한 사람은 화장을 하기도 한다.

    집에는 방구들이 없고, 실내에 비단으로 휘장을 드리워 파리와 모기를 막는다. 나무 침상에서 잠을 잔다. 기후가 몹시 따뜻해서 겨

바다 밖의 넓은 세상 111

울에도 홑옷을 입는다. 여름이라 해서 더 덥지는 않다. 여름과 가을 사이에 늘 큰 바람이 많이 분다.

왕도에서 70~80일 동안 지내면서 말이 통하게 되어 사람들과 이야기를 주고받게 되었다. 바깥 지방에서 땅을 지키는 신하들은 모두 대대로 녹을 받아 자손이 이어간다. 큰 죄가 없다면 그 직분을 폐하는 법이 없다. 왕조에 들어가 벼슬하는 사람은 과거로 출신하여 지위를 얻는다. 비록 지위가 아주 높더라도 대대로 이어가는 법이 없다.

벼와 곡식이 풍족하여 천민도 굶주리지 않는다. 풍속이 도둑질하지 않는다. 혹 작은 죄가 있으면 대나무를 쪼개서 작대기를 만든다. 그 형벌은 아프게 하자는 것이 아니라 부끄럽게 하자는 데 있다. 만약 큰 죄를 범하면 반드시 죄인 명부에 이름을 기록한다. 한 사람이 두 번 세 번 죄를 범하면, 그 죄상의 가볍고 무거움을 참작해서 곧장 감옥에 가두거나 먼 곳의 섬으로 귀양을 보내고, 죽을 때까지 사해주지 않는다. 만약 이름이 한 번만 죄인 명부에 오르면, 관가에서 비록 형벌을 시행하지 않더라도 부모와 친족들이 모두 내쳐서 사람 숫자에 꼽지 않는다. 본인 또한 스스로 숨어 지내니, 죽은 것과 다를 바 없다. 그래서 나라 법에 잔혹한 형벌이나 무거운 벌이 없어도 백성이 이를 범하지 않는다.

토산품은 백은(白銀)과 유석(鑢錫), 유황(硫黃) 등이다. 유황이 특히 많아, 토산품이라 하여 북경에 공물로 바치는 것은 오로지 유황만 쓴다. 후추와 등나무는 아주 흔하다. 등나무는 칡이 덩굴 뻗은 것과 같다. 계절마다 뿌리가 나와 땅에 퍼지므로 아무 때나 채취한다. 광주리나 돗자리 같은 것을 모두 등나무 줄기로 만든다.

덩굴로 자라는 채소가 있는데, 한번 덩굴이 지면 무성하게 몇 이랑씩 뻗어나간다. 계절마다 땅에 심어 서너 뿌리가 나온다. 뿌리는 무와 비슷하다. 큰 것은 술잔만 하다. 맛은 달고 물러 사람이 먹기에 가장 좋다. 반드시 껍질을 벗겨 쪄서 먹으며, 끼니를 대신한다. 여기저기 심는데, 덩굴 하나에서 몇백 뿌리를 거둘 수 있어서 사람들이 굶주리지 않는다. 속명은 임위(林萎, 고구마)라고 한다.

백성의 풍속이 남자는 등에 물건을 지지 않고, 여자는 머리에 이지 않는다. 한 움큼 남짓 되는 버팀목 하나로 양끝에 묶고, 그 가운데를 어깨에 멘다. 물 긷는 자도 물통을 나무의 양끝에 매단다. 돈은 옹정통보(雍正通寶)를 쓴다. 자기는 토산이 아니어서 중국에서 사다 쓰기 때문에 매우 비싸다. 여염에서는 나무 사발과 대나무 젓가락만 사용한다.

그곳 사람이 말했다.

"이 섬은 국내의 여러 섬 가운데 가장 크다. 둘레가 거의 500리쯤 된다."

하지만 우리의 출입을 금했기 때문에 그 말의 사실 여부는 알지 못했다. 그러나 밤이 고요할 때 바람이 드세지면 이따금 섬 밖의 파도소리가 들렸다. 그의 말은 조금 과장인 듯했다.

그해 11월 초 9일에 조공하는 사신 편에 중국으로 향했다. 어두운 밤에 배를 내려가 창고 속에 갇혀 있다가 큰 바다로 나간 뒤에야

유구에서 진공품을 싣고 중국으로 가던 진공선의 그림. 도쿄 국립박물관 소장.

창고를 열어 우리를 나오게 했다. 그 나라가 바다 가운데 있는 작은 섬이어서 남이 둘레의 크기를 살피고 그 강하고 약한 것을 엿볼까 봐 꺼린 것이었다. 뱃머리에는 비단 깃발을 세웠는데, '유구국(琉球國) 중산왕조공선(中山王朝貢船)'이라고 써놓았다. 따르는 군사는 모두 뽕나무 활과 가죽 시위, 나무 화살을 지니고 있었다.

이틀을 가서 섬 둘을 지났다. 모두 너비가 40~50리쯤이었다. 배가 큰 바다로 나가자 바람이 부는 방향을 따지지 않고 오로지 지남철로 서북쪽을 향해서 돛을 걸었다. 혹 바람이 드세고 풍랑이 거세지면 배 위를 온통 판자로 밀쳐 물을 막고 사람은 창고 안으로 들어갔다. 배는 파도 속으로 능히 드나들 수 있었고, 물에 잠길 염려가 없었다.

밤낮으로 바다 가운데 있다가 1월 27일에 복건성 천해진(天海鎭)에 다다랐다. 상사(上使)가 탄 배는 떠내려가서 아직 들어오지 않았다. 천해진을 지나 포구로 간 지 사흘 만에 강어귀로 들어갔다. 또 사흘을 가서야 복건성에 다다라 유구관소(琉球館所)에서 지냈다. 상사가 오지 않았기 때문이었다. 관에서는 음식을 대접하는 일이 없었다. 유구 사람과 함께 스스로 양식을 준비하여 먹었다.

하루는 관소에 있는데 소록국(蘇祿國, 인도네시아) 사신이 유구 사람과 우리를 보고 싶다고 찾아왔다. 유구 부사(副使)가 뜰에 나누어 서서 예를 갖추고는 교의 위에 앉았다. 소록국의 사신은 비단 옷을 입고 있었다. 소매가 몹시 넓고 옷자락은 땅에 끌렸으며, 앞가슴에 둥근 구슬을 매달아 옷에 묶어놓았다. 머리를 밀었는데, 몇 치가량만 남겨두어 이마를 덮었다. 금관을 쓴 모습이 마치 부처님 머리의 소라상투 같았다. 이는 옻칠한 듯 검었고, 얼굴에 때가 많았다. 부리는 하인 세 명이 뒤를 따르는데, 모두 두건으로 머리를 묶었다. 목면으로 만든 의복에 채색 꽃을 섞어서 수놓아, 어지러이 번쩍이며 사람을 비추었다. 소록국의 통사가 우리와 유구 사람들을 가리키면서 말했다.

"이들이 바로 아무 아무 사람입니다."

그 나라 사신과 따라온 사람들은 다만 고개를 끄덕일 뿐이었다. 통사가 말했다.

"복건의 해상(海商)이 풍랑을 만나 소록국에 표류해왔는데, 왕이 간택하여 사위로 삼았습지요. 8년을 살다가 고국으로 돌아갈 것을 간절히 청하므로, 왕이 사신과 함께 중국에 돌아가도록 했습니다. 배를 탄 지 석 달 만에 복건에 이르렀습니다."

또 말했다.

"그 나라는 서양국의 남해 가운데 있습니다."

우리가 물었다.

"나라가 서쪽 끝에 있다면, 그곳에 해가 지는 것은 중국과는 다르겠군요?"

"다를 게 없습니다. 천지가 얼마나 넓은지 알 수 있지요."

차 마시기를 마치자 사신은 바로 떠났다. 다른 말은 없었다.

복건에서는 출입을 금하지 않았기 때문에 도시를 마음대로 돌아다녔다. 한 곳에 이르러 물어보았다.

"여자들은 어째서 그 발을 감쌉니까?"

그들이 대답했다.

"나라의 오랜 풍속이오."

"지금은 새로운 나라라서 이미 옛날의 제도를 고쳤는데, 어째서 전족을 풀어 걸어다니기 편하게 하지 않소?"

그들이 다시 대답했다.

"나라는 비록 새롭다 하나, 땅은 옛 나라의 유허(遺墟)이니, 차마 옛 풍속을 버리지 못하는 것이지요."

어떤 이가 말했다.

"옛 나라의 자손이 혹 다시 창업을 하면 오랑캐는 모두 북쪽으로 갈 수 있소. 고국의 유민은 마땅히 회복하여 백성이 되겠지요. 지금 옛 습속을 고치지 않는 것은 옛 백성임을 표시하려는 것이오."

하루는 한 노인이 가만히 우리나라의 법제와 풍속과 의관을 묻더니 탄식하며 말했다.

"우리의 조상들 또한 당신네 나라의 의관과 같았소. 대모(大帽)와 단령(團領)과 각대(角帶)로 왕조에 벼슬했지요. 청나라 사람이 천하를 빼앗고부터 우리는 이제까지 70여 년을 오랑캐 옷을 입었소."

윤 3월이 되어서야 상사가 탄 배가 들어왔다. 북풍을 만나 표류하여 거의 서양에 이르렀는데, 다행히 한 섬에 정박하여 겨우겨우 돌아왔다는 것이다. 이에 상사가 우리를 이끌고 성에 들어가 12아문에 참배했다. 그리고 유구국의 진공(進貢)하는 일로 북경에 알리고 돌아온 뒤에야 길을 떠났다.

복건에 있을 때 따라온 사람이 짐 속에 있던 은 한 궤짝을 훔치다가 발각되었다. 형벌을 써서 죄를 다스리지 않고, 다만 그 죄상을 기록했다. 장차 귀국하여 죄인 명부에 둔다고 한다. 그 사람은 밥도 안 먹고 밤낮을 참회하며 근심스레 울었다.

10월 초 2일, 복건을 떠나 물길로 24일을 가서 포성현에 이르렀다. 강 한 곳을 보니 배를 만들기 위해 다리를 만들었다. 그 제도는 큰 배를 가로로 좁게 하여 강을 막고, 배 양끝에 쇠못을 박아 큰 쇠줄 두 가닥으로 둘러 배의 아래 위를 꿰었다. 그리고 둥글게 둘러싸서 강의 양쪽 언덕에 잡아맸다. 배 위에는 긴 판자를 깔아서 길가는 나그네를 지나가게 했다. 혹 다른 배가 강물을 따라 오르내릴 때는 긴 판자를 치우고 양옆의 다리 배를 밀쳐서 한 줄기 길을 열어주었다. 쇠줄이 비록 가로로 걸쳐져 있지만 저절로 물 속에 가라앉아 배가 지나가는 데 방해되지 않았다.

항주(杭州)에 이르러 서호(西湖) 어귀로 들어갔다. 강의 한가운데에 누각이 하나 있었다. 누각 가운데에는 돌을 촘촘히 깔아놓았고, 돌 위에는 가로로 방아 찧는 들보를 걸쳐놓았다. 들보 둘레 허리 부분에는 절구 공이 12개가 부착되어 있고, 들보의 양끝에는 버팀목을 어지럽게 꿰어놓았다. 버팀목은 길이가 4~5자인데, 20여 개나 되었다. 버팀목 끝에 나무로 만든 표주박을 달아놓고는 이것을 물에 담가 거꾸로 흐르는 물결을 길어 올린다. 물의 형세가 내뿜으며 차올리므로 나무 표주박이 엎어지면서 차례로 물을 길어 차례로 엎는다. 이에 방아의 들보는 빙빙 돌면서 뒤집어져 잠시도 멈추지

명나라 말기의 학자 송응성이 지은 《천공개물》에 나오는 물레방아 그림.

않는다. 게다가 누각 가운데는 돌을 깔고 절구 네 개를 파서 공이를 받아 쌀을 찧는다. 잠깐 만에 10여 석의 쌀을 정미(精米)했다. 멀리서 그 누각을 보니 흔들리며 떠서 마치 물결을 따라 떠내려갈 것만 같았다.

 길이 서호로 접어들었다. 주위를 둘러봐도 온통 물빛만 아득했다. 긴 방죽과 키 작은 언덕에는 누각들이 들쭉날쭉했다. 안개 낀 강물은 멧부리에 기대 있어 바라보매 마음이 어리 취하고 눈이 기뻐서, 나그네의 근심을 문득 잊었다. 호수 안에는 대나무 울타리로 에워싸서 물을 못 먹게 하는 자가 수없이 많았다. 사람들이 말하기를, 돈 많고 권세 있는 집안에서 수리(水利)를 다 가졌기 때문이라고 한다.

소주(蘇州)와 상주(常州)를 거쳐 남경에 이르렀다. 장강을 건너 석두성(石頭城) 아래를 따라 배를 타고서 바람을 기다려서 건넜다. 강물의 너비가 거의 20리나 되었다. 양주(楊州)로부터 산동(山東)을 지났다.

2월 초 9일에 북경에 도착했을 때 조선 통사가 와서 물었다.

"너희는 호적과 호패, 그리고 너희 나라 돈을 가지고 있는가?"

우리가 대답했다.

"표류할 때 모두 바다 속에 버렸습니다."

"그것들은 대국에서 법으로 금하는 것이니 너희가 버린 것은 잘한 일이다."

마침 우리나라 동지사의 행차를 만나 이를 따라 본국으로 돌아왔다.

4월 18일에 다시 제주로 건너오니, 집 떠난 지 세 해 만이었다.

제10화
1704년 관노 산해의 일본 양구도 표류기[8]

갑신년(1704, 숙종 30) 정월 초 10일, 관노 산해(山海)가 표류했다. 12일에 한 섬에 닿아 배에서 내렸다. 언덕에 의지하여 둘러앉아 있자니, 숲 저쪽에서 사람의 말소리가 가늘게 들려왔다. 이윽고 검은 옷을 입은 수백 명의 사람이 길고 짧은 칼 두 자루를 차고서 일제히 와서 모였다. 우리는 겁이 나서 모두 손을 모으고 소리 내서 울었다. 저들이 글을 써서 보여주며 말했다.

"이곳은 일본의 남쪽 경계 근처로, 양구도(梁九島)이다. 이전에 조선 사람이 표류해왔을 때 우리가 마음을 다해 구호해서 잘 돌아갔다. 또 나라 법에 목숨을 살해하는 일은 없으니 겁먹지 말라."

그리하여 배로 10여 일을 가서 산천포에 닿았다. 그제야 통사가 접대했다. 포구 근처의 가옥을 보니, 문이 모두 물가를 향해 있었

---

[8] 국사편찬위원회 소장 《대마번종가사료목록집》 정리번호 6506번 문서에 관련 문건이 있다. 모두 39인이 동승했고 이 가운데 2명이 익사했다. 살마 영량부도(永良部島)로 표착했다. 곡식을 구입하기 위해 출선하여 추자도로 가서 다시 해남현으로 가던 중 표류했다. 3월 18일에 대마도로 이송되었다.

다. 한 사람이 문 앞에 서서 물결 속을 가만히 살피더니, 허리 사이를 더듬어 그물을 꺼내 던져서 한 자 남짓 되는 고기 한 마리를 잡았다. 그러고는 그물을 걷어 뒤도 돌아보지 않고 문으로 들어가 버렸다. 그래서 통사에게 물었다.

"저 사람이 고기 한 마리만 잡고 다시 그물을 치지 않는 것은 어째서입니까?"

통사가 말했다.

"집안 식구를 헤아려서 한 끼로 하기에 충분하므로 그만두는 것이오."

"어째서 한꺼번에 많이 잡아 부엌에 채워두고 여러 날 먹기를 꾀하지 않는 것이오?"

"애를 써서 부엌에 채워두면 상해서 먹을 수가 없소. 물에다 놓아두고 필요할 때 잡으면 힘도 덜 들고 음식도 낭비되지 않으며, 물고기가 줄어들지 않게 되오."

하루는 대광주리를 짊어지고 면화를 파는 자가 있었다. 서로 교역하는데 면화의 무게를 달지 않고 돈도 세지 않았다. 통사에게 묻자 이렇게 말했다.

"정한 가격이 있어 서로 속이지 않기 때문이오."

장기도로부터 대마도를 거쳐 7월에 동래에 도착했다.

제11화
1701년 대정현 관리의 일본 옥구도 표류기[9]

　신사년(1701, 숙종 27) 12월 26일, 대정현 관리가 북풍을 만나 표류했다. 하루는 파도가 휘몰아쳐서 무너질 듯 어별(魚鼈)을 내리눌렀다. 배에 탄 사람들이 더욱 크게 두려워했다.
　이듬해(1702, 숙종 28) 정월 초 4일에 이르러 멀리 섬 하나 위로 흰 구름이 솜처럼 뭉게뭉게 피어올라 하늘로 솟는 것을 보았다. 이윽고 배가 섬에 다가갔다. 양옆의 작은 섬들이 마치 바둑판처럼 펼쳐져 있었다. 뭍에 내리니 검은 옷을 입은 사람 수백 명이 모여들어 글씨를 써서 물었다.
　"너희는 어느 나라 사람인가?"
　조선 사람이라고 대답하자 다시 물었다.
　"지난번에 남만 사람이 속임수로 독약을 타서 섬사람 반비(班飛), 신석(申石) 등을 죽이고 재화를 훔쳐서 달아났다. 이후로는 금지하

[9] 국사편찬위원회 소장 《대마번종가사료목록집》 정리번호 6506번 문서에 관련 문건이 있다. 제주 백성 42인이 장사차 전라 좌수영에 갔다가 돌아오는 길에 표류했다. 5월 22일에 대마도에 도착했다.

프란츠 폰 지볼트가 그린 전라도 표류민 그림. 《항해와 표류의 역사》 중에서.

는 명령이 지극히 엄하다. 너희는 이를 아는가?"

"다른 나라 사람인데 어찌 알 수 있겠습니까?"

그들은 다시 뱃사람의 성명과 지니고 있는 물건들을 아주 자세하게 다그쳐 물었다. 그러더니 또 말했다.

"조선과 일본이 화친했는가?"

그들은 남만 사람의 일을 거울 삼아, 우리에게 속임수가 있을까 염려해서 여러 가지로 물어보았던 것이다. 그 땅은 옥구도였다. 산천포와 장기도로부터 대마도에 다다라 돌아왔다.

제12화
1729년 도근천 주민 고완의 일본 오도 표류기[10]

　기유년(1729, 영조 5) 9월 그믐날, 도근천에 사는 주민 고완(高完)이 배를 타고 바다 가운데에 이르렀다. 그때 갑자기 고래가 배를 등에 지니, 배가 기우뚱하여 몹시 위태로웠다. 그러다가 키의 끝부분이 고래 몸뚱이에 부딪치자 고래가 놀라서 꼬리로 물결을 치더니 몸을 잠그고 가버렸다. 그 때문에 파도가 소용돌이쳐서 사면에서 무너져 내리니, 배가 갑자기 빙빙 돌다가 한참 만에 가라앉았다. 사람들이 모두 근심하고 두려워했다. 잠시 후 서북풍이 크게 일어나더니 배를 몰아 동쪽 바다로 떠내려갔다.

　10월 초 3일 한밤중에 일본 비전주(肥前州, 히젠)에 속한 오도에 닿았다. 하지만 배가 암초에 걸려 가까이 댈 수가 없었다. 이에 고완이 헤엄쳐가서 뭍에 내려 샘물을 찾았다. 멀리 바라보니 마을 불

---

[10] 국사편찬위원회 소장 《대마번종가사료목록집》 정리번호 6506번 문서에 관련 문건이 있다. 제주 상인 20인이 탄 배 한 척이 경상도로 장사차 가다가 표류했다. 제주목 백성이 15인, 정의현 백성이 5인이었다. 비전(肥前) 오도(五島)로 표착해서, 1월 27일에 대마도로 이관되었다.

빛이 소나무 사이에서 깜빡이고 있었다. 이에 불을 찾아서 갔다. 마을 사람 10여 명이 송진을 태우면서 뜰 가운데 늘어앉아 있는 것이 보였다. 고완이 뛰어 들어가 불 옆에 앉자 그 사람들이 모두 크게 놀라 시끄럽게 떠들었다. 그 모습을 살피고는 표류하여온 정황을 알았다.

그들이 옷을 벗어 등을 덮어주고 죽을 끓여 마시게 했다. 잠시 후에 마을 사람이 모두 모여 불을 때고 물을 길어 배에 있는 사람을 구했다. 이튿날 표류해온 날짜를 묻기에 대답해주었다.

"9월에 본국을 떠나 바람을 만나 표류해왔소."

그들이 다시 물었다.

"금년에는 윤 9월이 들었으니, 본토를 떠나온 것이 어느 9월이오?"

"우리나라 역법으로는 윤달이 7월이지 9월이 아니오."

왜의 역법이 우리나라와 차이가 있었던 것이다.

이 섬의 양쪽에는 작은 섬들이 바둑판처럼 펼쳐져 있어 통칭하여 오도(五島)라고 하는 것이 매우 많았다. 물길로 사흘을 와서 장기도에 닿은 후 대마도를 거쳐 본국으로 돌아왔다. 일본 해안가 땅은 모두 수포(水泡)가 있는 돌이다. 토양이 검은빛을 띠고 잡목이 늘 푸른 것이 제주와 아주 비슷했다.

제13화
1720년 대정현 백성 원구혁의
일본 신공포 표류기[11]

경자년(1720, 숙종 46) 11월 14일, 대정현에 사는 백성 원구혁(元九赫)이 표류해서 일본 축전주(筑前州, 치쿠젠) 신공포(神功浦)에 도착했다. 왜인들이 보호하여 16일을 가서 장기도에 닿아, 관소로 맞아들였다. 하루는 통사에게 물었다.

"일본과 인접한 나라가 몇이나 되는가?"

"표류한 사람이 알아 무엇 하려 그러는가? 유구국이 아주 가깝다. 예전에 군대를 일으켜 이를 토벌하려고 그 경계로 들어가 배를 불 지르고 격문을 보내 말했다. '일본은 땅이 좁은데 인구는 날로 늘어나니, 귀국을 빌려 받아주기 바란다.' 유구 사람들이 서로 의논하기를, '저들이 배를 불 질러 죽자고 대드니, 병장기로는 감당할 수가 없다.' 하고, 마침내 항복하기를 빌어 지금껏 화친하며 지낸다."

11_ 국사편찬위원회 소장 《대마번종가사료목록집》 정리번호 6506번 문서에 관련 문건이 있다. 제주 백성 28인이 탄 배 한 척이 장사차 흑산도로 갔다가 돌아오는 길에 추자도 근처에서 표류했다. 1721년 3월 2일에 대마도로 이송되었다.

일본인이 그린 이국 인물도 일부. 아래쪽에 조선 남녀를 그린 모습이 보인다.
동아시아 각국의 복장과 서양인을 그린 것도 있다. 나가사키 미술관 소장.

이듬해(1721, 경종 1) 정월 초하루에 통사가 우리가 글자를 아는 것을 알고 요청했다.

"우리가 장차 절일을 맞아 제사를 차려 조상을 먹이려 한다. 원컨대 객의 솜씨를 빌려 신위(神位)를 쓰고 싶다."

"우리나라는 '고(考)'는 '현고(顯考)'라 하고, '비(妣)'는 '현비(顯妣)'라 한다. 귀국의 규례는 어떠한가?"

"일본에는 그런 예법이 없다. 다만 좋은 글을 큰 글자로 한 줄 써주면 아주 고맙겠다."

이에 '일월조건곤(日月照乾坤)'이란 다섯 글자를 크게 써서 주니, 크게 기뻐하며 고맙다고 했다. 그 글씨를 벽에 붙여놓고 높은 탁자에 달랑 그릇 하나를 놓아두고, 병 가운데 푸른 댓잎과 동백꽃을 꽂아놓았다. 대보름이 되어서야 비로소 이를 치웠다.

2월에 장기도를 출발하여 3월 그믐에 부산으로 다시 건너왔다.

제14화
1730년 관노 만적의 가라도 표류기

경술년(1730, 영조 6) 2월 관노 만적(万迪)이 육지에서 들어오다가 동풍을 만나 서쪽 바다로 표류했다. 3일 동안 눈에 보이는 것은 오로지 하늘과 물이 맞닿은 것뿐이었다. 그러다가 다시 서풍을 만나 배가 동쪽으로 갔다. 섬 하나가 점점 가까워지는데, 멀리서 바라보니 몇 사람이 바위 위에 서 있었다. 검은 옷을 입었고, 머리에는 아무것도 쓰지 않았다. 틀림없이 다른 나라일 것으로 여겨졌다.

배가 언덕에 이르자 마을 사람들이 일제히 나왔는데, 모두 우리나라 복색이었다. 이에 언덕에 내리니, 그 사람들 수십 명이 다급하게 동아줄로 묶어 배를 끌어당겨 언덕에 올려놓았다. 만적이 까닭을 묻자 섬사람들이 말했다.

"이곳은 물 밑이 모두 너럭바위여서 파도가 몹시 세차다. 만약 배를 잘 간수해두지 않으면 조수가 쓸려갈 때 배가 저절로 부서지고 만다."

그 섬의 이름을 물었더니, 가라도(加羅島)라고 하면서 나주(羅州) 땅이라고 했다. 물어보니 동쪽으로 수백 리 떨어진 곳에 흑산도가 있는데, 이곳과는 뭍으로 통할 수 있다고 했다. 섬사람들은 보리를 심고 채소와 콩잎으로 먹고살아 몹시 가난했다. 온 섬의 너비가 30~40리이고, 가호(家戶)는 20가구 남짓했다.

10여 일을 머물다가 다시 배와 노를 고쳐서 동북풍을 받아 사흘 만에 제주에 도착했다.

제15화
어떤 사람의 이상한 섬 표류기

　제주도의 서남 해안에서는 항상 갈대가 난다. 갈대의 크기는 네 댓 줌이나 되는데, 이따금 바람과 파도에 쓸려 언덕 위로 올라온다. 해묵은 것에는 그 껍질에 조개가 붙어 있으나 어느 땅에서 난 것인지는 알지 못한다.
　옛날 어떤 사람이 표류해서 한 섬에 이르렀다. 물가를 따라 사면이 모두 갈대밭이었다. 그 안쪽에는 온통 감귤이 자라고 있었다. 온 섬이 이 갈대와 귤뿐이었다. 밤중에 소 울음 같은 소리가 들렸다. 멀고 가까운 데서 한꺼번에 일어나 새벽까지 시끄러웠다. 사람들이 모두 괴이하게 여겨, 아침에 소리가 난 곳을 찾아보았다. 그곳에는 몇 되들이 병만큼이나 큰 소라가 많이 있었다. 이에 큰 것 100여 개를 골라 싣고 돌아와 육지에서 팔아 큰 이문을 남겼다.
　또 어떤 사람은 표류하여 한 섬에 이르렀는데, 큰 길이 반들반들해서 수레도 갈 수가 있었다. 몇 리를 가자 길이 굽어들어 산 입구로 들어갔다. 그곳에는 100여 칸이나 되는 큰 건물이 있는데, 마루와 온돌, 부엌과 창고가 모두 가지런히 꾸며져 있었다. 쌀과 누룩,

젓갈과 장, 말린 고기 등속과 솥과 광주리, 항아리 등 살림살이 도구가 두루 갖춰져 놓일 곳에 놓여 있었다. 하지만 사람은 보이지 않았다. 이에 온 섬을 뒤져 자세히 살펴보았지만 다른 곳에는 한 칸의 집이나 사람도 없었다. 대개 절강과 복건의 부유한 상인으로 장기도에 장사하러 가는 자가 놓아둔 것으로, 중간에 바람을 기다리며 머물러 지내는 곳이라고 한다.

최담석전

최담석(崔淡石)은 동래 사람이다. 그 아비는 담사리(淡沙里)라 하며, 솥 때우는 일을 하며 먹고살았다. 신사년(1701, 숙종 27)에 왜사(倭使)가 왜관에 왔을 때, 100금을 주고 옛 그릇을 구하려고 했다. 이에 담사리가 그 처와 상의했다.

"일 년 내내 고생해도 먹을 것도 얻지 못하는데, 진실로 옛날 그릇 하나만 얻는다면 죽을 때까지 굶주리지 않을 것이오. 내가 온 나라를 뒤져서라도 반드시 찾아오겠소."

이때 담석은 태어난 지 석 달째였다. 담사리가 말했다.

"내가 돌아오는 것은 세월로 기약할 수가 없으니, 이 아이에게 내 이름을 얹어서 알게 하리다."

그러고는 이름을 담석이라고 지어주었다.

마침내 김해 사람과 함께 떠나 5~6년 동안이나 소식이 없었다.

탐라는 바다 밖에 있는지라 전쟁이 이르지 않아 오래된 물건이 많았다. 이에 그 땅으로 들어갔지만, 그 백성은 가난하고 피폐해서 고기 잡고 나물 캐서 먹고 살 뿐, 옛 그릇이 무엇인지도 몰랐으므로 어찌해볼 도리가 없었다. 들으니 대정현에는 삼을나 적에 옛 성터가 있다고 했다. 이에 삽과 삼태기를 갖추고 그곳으로 가서 땅을 파서 기와 그릇과 사발 따위를 얻었다. 만든 모양이 크고 질박했는데, 깨지고 망가진 데다 새겨 적은 것도 없었다. 그것들은 쓸모가 없어 버리고 말았다.

그가 고향으로 돌아가기 위해 배에 타려는데, 마침 함께 갔던 사람이 석 달을 앓다가 죽었다. 장례를 치러주고 나니 짐 보따리가 텅 비어서 빈털터리가 되고 말았다. 무릇 바다를 건너는 자는 한 달 치 양식을 준비해야만 배에 오를 수 있었다. 이를 마련할 길이 없어 이리저리 떠돌다가 대정현 경계에 이르렀다. 그곳에서 남의 집에 고용살이를 하다가 아내를 얻어 두 아들을 낳았다. 속주(屬州)에서 유군(流軍)汲水軍에 복역하느라 세월을 끌며 돌아갈 수가 없었다.

담석은 이미 성장하여 아버지의 얼굴도 모른 것을 혼자 상심했다. 죽든 살든 아버지를 찾기로 맹서하고, 18세에 어미를 하직하고 길을 나섰다. 삼남(三南) 땅으로부터 서북에 이르기까지 가보지 않은 곳이 없었다. 솥 땜질을 업으로 하는 자가 있으면 반드시 만나서 제 어미에게서 들은 아버지의 모습을 가지고 물어보았다. 하지만 아무리 찾아도 끝내 찾지 못했다. 몇 해가 지나면 반드시 돌아와 그 어미를 살펴보고는 양식을 싸들고 또 떠났다. 15년 동안 세 번이나 북도(北道)까지 들어갔지만 마침내 들은 바가 없어 죽었다고 생각했다.

을사년(1725, 영조 1)에 대정현 사람이 마침 일본에 표류했다가 동래로 돌아왔다. 이에 담석이 가서 물어보았다.

"육지 사람으로 솥 땜질 일을 하는 최씨 성에 이름이 아무개인 사람이 혹시 제주도에 들어와 삽니까?"

"이름은 기억하지 못하겠으나, 솥 땜질장이로 뭍에서 온 사람이 지금 관에서 복역하고 있소."

담석이 즉시 편지를 써서 일의 시말을 적고, 아비를 찾는 뜻을 갖추어 서술한 후, 술병을 그 사람에게 맡겨 전했다. 담석은 또 서울로 올라와 아버지를 찾았다.

7년 뒤 신해년(1731, 영조 7) 겨울, 담사리의 성중(城中) 주인이 장사차 동래로 나왔다. 이에 담사리가 답장을 써서 부쳤다. 집 떠난 세월과 이웃 마을 친족의 성씨를 적고, 또 헤어질 때 주고받은 말로 신표를 삼았다. 이때 담석이 밖에 나갔다가 돌아오는데, 마침 한 달쯤 전에 제주 사람이 왔다는 말을 듣고 바로 달려갔다. 담석은 그 편지를 얻고서 놀라고 기뻐 쓰러질 것만 같았다. 어머니에게 자세히 말하고 행장을 차려 섬으로 들어가려 했다.

그때 담석의 아내가 말했다.

"듣자니 제주의 아낙네는 아양을 잘 떨어서 사람이 떠나게 놓아주질 않는답니다. 당신이 만약 당신 아버지처럼 돌아오지 않는다면 나는 장차 누굴 바라고 삽니까. 반드시 같이 가겠어요."

길이 험하다고 여러 번 말렸지만 듣지 않았다. 마침내 부부가 머리에 이고 등에 지고서 제주 사람을 따라서 함께 제주도로 들어왔다.

그들은 임자년(1732, 영조 8) 정월에 담사리의 주인집에 도착했다. 때마침 담사리가 번(番)을 교대하여 예전에 살던 고을 집에 왔다. 이에 주인이 큰 소리로 말했다.

"이 사람이 네 아비고, 이 사람이 네 아들이다."

이에 부자가 서로 끌어안고 크게 통곡했다. 그 모습을 보는 자가 감격해서 울지 않는 이가 없었다. 이에 담사리가 아들과 며느리를 데리고 대정현으로 돌아와 양식을 준비해서 돌아가려 했다. 당시 담사리는 관가에 복역하고 있었으므로 와서 그 연유를 고했다. 이때 내가 곁에 있다가 이를 보니, 늙고 젊은 것은 비록 달랐지만 참으로 아버지와 아들의 얼굴이었다.

관으로부터 관역을 정지 받고, 베와 곡식을 지급하여 이를 아름답게 여겼다. 온전한 배를 가려 그들을 실어 보냈다. 담석은 동래의 갓바치 명부에 이름이 올라 있다고 한다.

영해기문

瀛海奇聞

인용한 책들

《충암록》   김정(金淨) 원충(元冲) 충암(冲菴) 저
《풍토록》   상동(上同)
《지지》   상동
《남명소승》 임제(林悌) 자순(子順) 백호(白湖) 저
《남사록》   김상헌(金尙憲) 숙도(叔度) 청음선생(淸陰先生) 저
《표해록》   최부(崔溥) 금남(錦南) 저

섬은 나라의 정남쪽에 있는데, 한라산이 그 가운데 솟았다. 마치 한일자처럼 가로로 펼쳐져 있다. 섬 둘레의 물이 얕은 곳은 암석이 칼이나 창같이 솟아 있어 배를 잘 모는 자가 아니면 반드시 배를 부수고 만다.   《남명소승》

풍토는 별도의 한 구역이다. 일마다 특이하다. 겨울은 따뜻하고 여름은 시원하며, 변화가 많아 일정치 않다. 바람이 일면 따뜻하여 몸에 착 붙는 것 같다. 사람들은 이익에 몹시 예민하다. 의복과 음식은 조절하기가 어렵다. 게다가 구름과 안개가 늘 어둡고 습기가 많으며 날씨가 더워 땅에는 벌레의 종류가 많다. 지네나 개미, 지렁이 등 여러 꿈틀대는 벌레들이 겨울이 지나도록 죽지 않는다. 이것이 가장 견디기 어렵다.   《충암록》

바다 밖의 넓은 세상　141

한라산 북쪽은 언제나 북풍이 많이 분다. 팔방의 바람 가운데 북풍이 가장 매섭다. 그래서 제주의 나무들은 모두 남쪽을 가리키고 있다. 그 모습은 마치 끝이 모지라진 빗자루 같다. 바람이 일어날 때마다 비 오듯 포말을 뿜어, 바다 근처 10리 사이에 자라는 초목은 모두 짠 기운을 띠고 있다. 두 고을의 경계에는 예부터 바람이 없다. 산 북쪽에서는 비록 천지가 뒤흔들 지경으로 바람이 불어도, 산 남쪽은 가는 풀조차 움직이지 않는다. 그래서 배나 더 따뜻하지만, 장기(瘴氣)는 또한 심하다.　　　　　　　　　　《남명소승》

봄여름에 낮으로 안개가 낄 때는 온 섬이 마치 시루 속처럼 푹푹 찐다. 백성 가운데 곱사등이가 많고, 헌 부스럼이 몸에 가득하다. 분명 풍토에 시달린 때문일 것이다.　　　　　　　《남사록》

장수한 노인이 많고, 도적이 없다. 사투리는 알아듣기 어렵다.
　　　　　　　　　　　　　　　　　　　　　　《지지》

말소리가 높고 가늘어 바늘로 찌르는 것 같다. 대부분 알아들을 수가 없다.　　　　　　　　　　　　　　　　　《풍토록》

사람의 말은 뱁새가 쩍쩍거리는 것 같아 알아들을 수가 없다.
　　　　　　　　　　　　　　　　　　　　　　《남사록》

말은 종종 문자를 섞어서 한다. 역관 신장령(申長齡)은 일찍이 이렇게 말했다.

"이 섬의 말은 중국과 아주 비슷하다. 소나 말을 모는 소리는 특히나 알아들을 수가 없다." 《남명소승》

세 고을 모두 한라산 기슭에 있다. 평지는 밭을 갈 만한 땅이 반 이랑도 없어, 마치 물고기 배를 발라낸 것 같다. 《풍토록》

토인(土人)은 겉보기에는 어리석은 듯해도, 속으로는 교묘한 지혜가 많다. 자신의 괴로움과 고을 원이 멋대로 하는 것을 말할 때도 하나하나 꿰어서 몹시 조리가 있다. 또 의리(義理)를 섞어 사람의 마음을 움직여 귀를 기울이게 한다. 절대로 어리석은 무리가 아니다. 《남사록》

제주 사람 손효지(孫孝枝)가 말했다.
"우리 고을은 아득히 큰 바다 가운데 있습니다. 바다에서 살펴보면 파도가 더욱 사납고 험하지요. 조공하는 배나 장삿배가 그 가운데 잇따르는데, 표류하여 침몰하는 것이 열에 대여섯입니다. 경내에는 남자의 무덤이 가장 적습니다. 여염의 사이에는 여자가 남자 수보다 세 배는 많지요. 부모 된 사람은 딸을 낳으면 기뻐하며 '요 녀석이 내게 효도하고 잘 봉양해주겠지.'라고 하고, 아들을 낳으면 모두 '이 물건은 내 새끼가 아니라 고래나 악어의 밥이다.'라고 합니다."
《표해록》

부녀자는 치마가 없다. 다만 삼베 끈으로 허리에 두르고 끈의 앞뒤로 몇 자의 베를 꿰매 가릴 뿐이다. 통나무를 파내 통을 만들어, 이것을 지고 물을 긷는다. 여항 사이에서 땔감을 지고 물을 긷는 사람은 모두 부녀자들이다.
《남명소승》

등에 지고 머리에 이지는 않는다. 절구가 있어도 절구질을 하지 않는다. 다듬이질은 해도 다듬잇돌이 없다. 대장간 일을 하지 않고, 서울의 벼슬자리를 귀하게 여기지 않는다.
《풍토록》

꿩의 별종으로 덩치가 크고 다리가 긴 것이 있다. 유채는 다만 바람 막는 것을 아름답게 여긴다. 집집마다 푸른 치자나무를 찍어 불을 땐다. 시골집에는 향기로운 바람이 쉴 새 없이 분다. 《남명소승》

고을 남문에서 20리쯤 가서 물 하나를 건너면 몇십 리 골짜기가 있다. 풀길이 시내를 따라 나 있다. 시내 양쪽에는 노목이 골짜기에 시렁을 얹은 듯하다. 단풍이 들면 더 볼 만하다. 양쪽 언덕은 높이가 열 길에서 대여섯 길가량이다. 푸르고 붉은 절벽이 병풍처럼 서 있다. 갑자기 끊어진 곳은 마치 무지개 문 같다. 물이 땅 밑으로 흐르다가 시내 가운데서 넘쳐흐르기도 한다. 바위가 어지러이 섞여 있어 무쇠그릇 같기도 하고 웅크린 범이나 누운 코끼리 같기도 하다. 자는 양이나 앉아 있는 강아지 같은 것도 있다. 말구유 같기도 하고 수레바퀴나 숫돌 또는 끌 같은 것도 있다. 달려가는 듯한 것도 있고, 엎어진 듯한 것도 있다. 그 형상을 말로 설명하기 어렵다. 모두 잿빛이다. 시내의 이름은 무수천(無愁川)이다.

산기슭까지는 고을에서 40여 리 거리이다. 그 중간의 들판에는 키 큰 나무가 하나도 없고, 거친 띠만 무성하게 자란다. 산에 접어들면서부터는 구름과 나무가 흐린 날이나 갠 날 구분 없이 사방에서 합쳐진다. 가는 대가 빼곡하게 땅을 뒤덮었다. 사철 구름 안개가 자욱하므로 초목들이 이들이들하다. 5리나 10리 사이에 말이 낑낑대며 굴을 따라가듯 위로 올라간다. 한 줄 돌길로 사람과 말이 겨우 지난다. 존자암(尊子庵)에 이르러 조금 쉰다. 산기슭에서부터 또 40리를 가서야 앉아 남쪽 바다를 볼 수 있다. 1만 리에 햇빛이 해사하게 드리워져 마치 수은 같다. 이후로는 다시 잡풀은 없고, 소나무와 적목(赤木), 단목(檀木)만 짙푸르게 그늘을 드리운다. 길 위에서 천불봉(千佛峰)의 한 면을 바라보면, 눈 쌓인 산이 간데없이 금강산의 중향성(衆香城) 같다. 《남사록》

산 위에는 지초(芝草)가 덩굴로 나서 땅에 붙어 있다. 줄기에는 보송보송한 솜털이 있다. 덤불이 마치 푸른 이끼 같다. 뿌리는 마디를 따라 나오는데, 크기가 비녀만 하다. 끝은 실같이 가늘다. 맛은 달고 향기롭다. 비록 영지(靈芝)는 아니지만 지초의 종류이지 싶다.

《남명소승》

오백장군동(五百將軍洞)은 층층의 멧부리가 희고 깨끗하다. 빙 둘러서서 옥 병풍을 이룬다. 세 줄기 걸린 폭포가 한 골짝으로 쏟아져 내린다. 그 사이에 오래된 단(壇)이 있다. 단 위에는 한 그루 복사꽃이 총죽(叢竹)에 기대 있다. 이곳에 앉아 남쪽 바다를 굽어보면 1만 리가 온통 푸르다. 참으로 섬 가운데 으뜸가는 동천(洞天)이다. 기이한 바위가 사람처럼 선 것이 무려 천백 개나 된다. 골짜기의 이름도 이 때문에 얻었다. 골짜기의 다른 이름은 영실(靈室)이다. 《남명소승》

산 밑에서 존자암까지는 30여 리이다. 꼭대기를 우러러보면 평지의 높은 산과 같다. 봉우리의 형세가 절벽처럼 서 있어서, 마치 솟아난 것처럼 보인다. 《남명소승》

수행굴(修行窟)을 지났다. 굴속에는 20여 명이 들어갈 수 있다. 옛날에 고승이 양식을 끊고 입정에 들었다 한다. 칠성대(七星臺)와 좌선암(坐禪嵒) 길가에 높은 바위가 열을 지어 솟아 있는데, 그 모습이 북두칠성 같다. 또 바위 하나는 마치 좌선하는 승려와 같다고 한다. 을 지나 중봉(中峯) 위로는 소나무도 없다. 오직 단향(檀香)과 철쭉 밑에 흰 모래가 마치 눈 같을 뿐이다. 일몰 때 비로소 절정에 도착해서 바위에 기대 천막을 치고 잤다. 사방을 둘러봐도 고요할 뿐, 새나 짐승은 아예 없다. 저절로 사람에게 해맑고 엄숙한 기운이 들게 한다. 《남사록》

노인성(老人星), 즉 남극성은 춘분과 추분에 천지가 열려 걷힐 때

영실 오백장군동. 사진ⓒ권태균

바라다 보인다.[1] 오직 절제사 심연원(沈連遠)과 토정(土亭) 이지함(李之菡)만 보았다 한다.　　　　　　　　　　　《남사록》

5경에 달빛을 타고 절정까지 걸어 올라갔다. 정상 위는 가마솥처럼 움푹 패었다. 동쪽에는 바위가 어지럽게 쌓여 있고, 사면에 온통 향기 나는 덩굴풀이 깔려 있다. 가운데 두 개의 못이 있는데, 근원은 없는 물이다. 여름에 빗물이 빠질 데가 없어서 웅덩이를 이룬 것이 못으로 된 것이다. 못의 이름은 백록담(白鹿潭)이다. 《남사록》

꼭대기의 움푹 팬 곳이 못이다. 바위 봉우리가 빙 둘러섰는데, 둘레가 7~8리쯤 된다. 돌 비탈에 기대어 굽어보면 물이 마치 유리 같아 깊이를 헤아릴 수가 없다. 못가에는 흰 모래와 향내 나는 덩굴풀뿐이다. 한 점의 티끌세상 기운이 없다. 인간세상의 풍월은 멀리 3,000리나 떨어져 있다. 난새가 부는 생황 소리가 들리는 것만 같고, 신선이 탄 수레가 보이는 듯하다.　　　　　　《남명소승》

백록담 북쪽 모서리에는 단(壇)이 있다. 본읍(本邑)에서 보통 때 기우제를 지내는 곳이다. 상봉의 꼭대기에서 사방 아래를 두루 살펴보면, 북쪽으로 무등산과 월출산, 천관산과 달마산 등의 산들이

---

[1] 노인성은 남극성의 별칭이다. 인간의 수명을 관장하는 별이라 하여 수성(壽星)이라고도 한다.

보일듯 말듯 출몰한다. 광아도(廣鵝島)와 추자도 등의 섬은 마치 검은 점처럼 점점이 떠 있다. 아래로 제주 성곽을 내려다보면 아마득하여 마치 개미굴 같다. 두 고을의 읍거(邑居)는 가물가물 잘 보이지 않는다. 동서와 남쪽 등 3면에는 한 점의 섬도 없다. 다만 하늘과 땅이 서로를 에워싸 아득히 가없을 뿐이다. 《남사록》

상봉에서 남쪽으로 돌아 나와 두타사(頭陀寺)를 향해 갔다. 길에는 절구처럼 움푹 꺼진 곳이 많은데, 짧은 대와 누런 띠가 그 위를 뒤덮었다. 말이 걸어가기가 몹시 힘들다. 15리쯤 가면 절벽이 깎아지른 듯 걸려 있다. 벼랑 아래로 큰 시내가 가로로 흘러간다. 절은 두 시내 사이에 있다. 절은 일명 확계사(瓁溪寺)라 한다. 바위 골짝이 그윽이 깊어 또한 한 가지 아름다운 경계이다. 월대(月臺) 앞에는 맑은 시내 두 줄기가 흐르고, 천 길 푸른 절벽이 서 있다. 두보의 시에 "쌓인 절벽 서리 칼날 물리치는데, 달리는 샘 물 구슬을 흩뿌리누나."라는 구절이 실로 이 풍경을 모사한 것이다. 적목이 엇갈려 그늘을 지우므로 하늘 해를 볼 수가 없다. 10여 리를 가서 또 한 절의 옛터가 있다. 바위가 빼어나고 샘물이 맑아 또한 서성이며 구경할 만하다. 《남명소승》

산 전체는 물러나 밖에서 우러러보면 움푹 활모양으로 솟아 그다지 높거나 가파르지 않을 것 같다. 비탈은 져도 불쑥 솟지는 않았다. 그래서 들판 가운데 우뚝 솟은 멧부리와 비슷해, 특별히 험준할

듯한 모습이 없다. 하지만 막상 올라가 그 속으로 들어가 보면, 깎아지른 바위가 벼랑으로 둘러쳐 있다. 구불구불 이어진 길은 골짜기가 깊어 굴처럼 어둡다. 곤륜산의 판동곡(板桐谷)[2]과 한가지이다. 하지만 속세를 벗어난 깨끗하고 우뚝한 맛이 많다. 항아리에 담아둔 돌처럼 7~8길이나 쌓여 마치 범이 웅크린 것 같고, 장대같이 울퉁불퉁한 노송나무가 네댓 줌씩 되어 삼대를 세워놓은 듯하다. 녹나무와 단향목이 덤불로 나서 빼곡히 자란다. 산과 골짜기의 정령들이 한낮에도 장난을 치며 노닐 것만 같다. 바람이 우수수 불어오고, 생황과 퉁소, 거문고와 비파 소리가 원근에 진동한다. 구름은 자옥하게 끼어 노을을 가리고, 채색 비단이나 수놓은 비단 같은 빛이 겉과 속을 감싸고 있다. 높은 곳은 서늘하게 빽빽하고 위태로워 칼과 창을 묶어세운 듯하고, 낮은 곳은 반은 튀어나오고 반은 움푹 팬 것이 가마솥이나 책상을 밀쳐 내던진 듯하다. 멧부리는 고개 위로 엇갈려 내달리다 거의 끊어질 듯 다시 이어지고, 끝에 가서는 돌아보며 한데 합쳐진다. 골짜기는 파이고 계곡은 갈라져 낮은 데는 우멍하고 아래는 그윽하니, 길게 늘어서 좁다가는 다시 넓어진다. 높고 낮은 것이 뒤섞이고, 깊고 얕은 것이 아스라하다. 뒤덮인 들판은 하늘 해를 가려 사방 모서리가 구분되지 않는다. 이것이 산의 동

2_ 판동곡은 고대 전설 속 신선이 산다는 산의 이름이다. 《초사(楚辭)》〈애시명(哀時命)〉에 나온다. 《수경주(水經注)》에는 "곤륜산에는 세 층이 있는데, 아래층이 번동(樊桐)으로 일명 판동(板桐)이라 하고, 둘째 층은 현포(玄圃)니 일명 낭풍(閬風)이라 하며, 위층은 층성(層城)인데 일명 천정(天庭)이라 한다."고 했다.

서남북의 대강이다. 예부터 서로 소천태(小天台)로 전해왔으니, 진실로 거짓이 아니다.　　　　　　　　　　　　　　　《충암록》

산의 모습은 돌을 쌓아둔 형상으로, 무등산과 흡사하다. 하지만 높고 큰 것은 몇 배나 된다. 세상에서 무등산과 한라산이 서로 암수가 된다고 전하는 것은 이 때문일 터이다.　　　　　《남명소승》

산저천(山底川)이 발원해서 바로 큰 시내를 이룬다. 가장 끝의 지류는 건입포(巾入浦)라 부른다. 세속에서 전하기를, 고후(高厚) 등이 신라에서 돌아왔을 때 친족들이 이곳에 모여 그를 맞이했다 한다.
_{산저천은 성안에 있다.}　　　　　　　　　　　　　　《남사록》

산저천은 물 긷고 빨래하는 사람이 워낙 많아서 하류로 가면 더러워져서 물장난을 할 수가 없다. 바다 어귀에 이르러 못이 된다. 하지만 깊은 곳은 사람이 갈 수 없고, 배를 띄워야만 갈 수가 있다. 은순어(銀唇魚)가 가장 많다. 옆에는 갈대가 있어 자못 호수의 운치가 있다.　　　　　　　　　　　　　　　　　　《충암록》

땅이 평평하고 넓은 듯해도 먼 곳까지 바라볼 수가 없다. 안으로 움푹 파였기 때문이다. 비록 언덕이 있어도 어지러워서 분간이 안 된다. 벼릿줄의 눈 같고 어지러운 무덤 같기도 하다. 쌓인 돌은 괴상하지도 우아하지도 않고, 정돈되지도 않았다. 모두 단단하고 색

성산 일출봉. 사진ⓒ권태균

깔은 검고 모습은 못생겨, 보기에 가증스럽다. 《충암록》

들판은 모두 쌓인 돌뿐이다. 바라보면 가파르고 촘촘해서 마치 수많은 집들이 있던 터에 담벼락이 가로 세로로 난 것 같다.
《남사록》

성산(城山)은 고을에서 동북쪽으로 120리 되는 곳에 있다. 석성이 산 밑자락을 가로로 끊었다. 둘레는 2,000척쯤 되고, 높이는 9척이다. 그 속에 수만 명이 들어갈 수 있다. 벼랑을 따라 길을 냈는데, 구불구불 길이 엉켜 있어 걸음 떼기가 몹시 힘들다. 3면이 바다에 임해 있고, 1만 길이나 깎아 세웠다. 큰 파도와 거센 물결이 밤낮 두들겨대므로 바위에 올라 아래쪽을 보면 눈이 어질어질하고 겁이 난다. 《남사록》

성산도(城山島)는 마치 한 떨기 푸른 연꽃이 바닷가에 피어난 것 같다. 그 위는 바위벼랑이 둘러싸고 있어 마치 성곽 같다. 가운데는 매우 평평해서 풀과 나무가 자란다. 아래로는 바위산이 기괴해서 마치 돛을 매단 돛대나 장막을 친 방 같다. 휘장을 친 천막이나 짐승 같기도 하다. 천만 가지 형상을 다 적기가 어렵다. 《남명소승》

우도(牛島)는 고을의 동쪽 바다 가운데 있다. 바닷가에서 10리쯤 떨어져 있으며, 닥나무가 많다. 섬 동쪽에는 석굴이 있는데, 기운이

몹시 차서 터럭이 쭈뼛쭈뼛 설 지경이다. 세속에서는 신룡(神龍)이 있는 곳이라고 전한다. 《지지》

가까운 섬우도은 물빛이 아주 다르다. 마치 푸른 유리 같다. 이른바 독룡(毒龍)이 잠겨 있는 곳은 물빛이 특히 맑다는 것이다. 섬의 형상은 소가 누운 것과 비슷하다. 남쪽 벼랑에 석문(石門)이 있는데, 마치 무지개 같다. 돛을 펴고서 들어갈 수 있다. 그 안쪽의 굴은 천연으로 이루어져 황룡 수십 마리를 감출 만하다. 굴이 끝날 무렵에 또 한 겹의 석문이 있다. 그 모습은 마치 뚫어서 열어놓은 것 같아서 겨우 배 한 척이 지날 수 있다. 노를 저어 들어가면 백로처럼 생기고 덩치는 작은데 옅은 푸른색을 띤 괴상한 새가 수백 마리 무리를 지어 어지러이 날아간다. 굴이 남향이어서 바람이 없고 따뜻하기 때문에 바다 새가 와서 깃든 것이다. 바깥쪽 굴보다는 조금 작지만 화려한 것은 더 낫다. 물빛은 그윽해서 귀신이 있을 것만 같다. 우러러 흰 바위를 보면 동글동글한 것이 마치 달 같다. 희미하게 광채가 새어나올 때는 사발이나 술잔 같고, 거위 알이나 총알 같은 것이 어지러이 별처럼 달려 있다. 굴 전체가 푸른 까닭에 흰 돌이 별과 달의 형상이 되는 것이다. 《남명소승》

두충(杜冲)과 비슷하게 생긴 나무가 있다. 잎이 크고 짙푸른 빛이어서 아낄 만하다. 여기저기 벼랑을 따라 시냇가를 끼고 뒤덮여 자란다. 멀리서 보면 구름 안개 같다. 《남명소승》

우도. 사진ⓒ권태균

서귀포(西歸浦)는 고을 서쪽 홍로천(洪罏川) 하류다. 신라 때 당나라에 조공할 때 바람을 기다리던 곳이다. 바다 가운데 독도(禿島)·범도(凡島)·살도(薩島)·폭도(瀑島)가 있다. 모두 바위절벽이 깎아지른 듯 늘어서서 마주보고 있다. 속담에 전하기를 한라산의 주봉이 꺾이어 부러질 때 갈라져 나온 멧부리라고 한다.　《지지》

산에는 짐승이 있고 들에는 가축이 있다. 그 무리가 천백을 헤아리는데, 서로 앞을 다투어 간다.　《남명소승》

천지연(天地淵)은 미친 듯한 바위와 사나운 느낌의 골짜기로 백주 대낮에도 어둑어둑하다. 마치 바람을 머금고 비가 몰려오며, 귀신이 휘파람을 부는 듯하여 사람을 오싹하게 만든다.　《남사록》

천지연은 둘레가 수백 보(步)이고, 깊이를 헤아릴 수 없다. 두 줄기 폭포가 날아 떨어지는데 길이가 100척가량 된다. 소리는 마치 우레 같다. 양쪽 벼랑은 옥병풍이 된다. 바다까지는 5리이다. 맑은 노을이 열리는 곳은 굽이굽이 맑고 그윽하다. 미풍조차 불지 않아 초목은 언제나 봄철 같다. 대개 섬 가운데 가장 따스하다. 골짜기는 한라산 남쪽에 있고, 또 우묵하게 들어간 곳이어서 항상 햇볕의 온화함을 충분히 얻는다.　《남명소승》

섬에는 숲이 아주 많다. 둘레가 50여 리 되는 곳도 있다. 모두 상

천지연. 사진ⓒ권태균

수리나무·산앵두·무환자나무·산유자·녹각나무·소나무 등이 있다. 2년만 내버려두면 옻나무와 여러 풀들이 덤불 지어 울창해진다.

《지지》

산방(山房)은 대정현에서 동쪽으로 10리 떨어진 곳에 있다. 암벽이 깎아지른 것 같고, 온갖 풀들이 덤불로 자란다. 속담에 전하기를, 상고 적에 사냥꾼이 한라산에 올라가 활을 시위 매겨 하늘의 배를 맞췄다. 이에 천제가 노하여 주봉(柱峯)을 꺾어버려 여기다 옮겨 두었다고 한다. 그 남쪽 벼랑에 석굴이 있다. 물이 굴 가운데에서 방울방울 떨어져 샘이 되었다.

《남사록》

굴속에는 99개의 동(洞)이 있다. 산방은 큰 물결이 공이로 절구질하듯 짓찧는 사이에서 솟아나 있다. 온통 하나의 바위로 되어 있어 멀리서 바라보면 가마솥을 엎어둔 것 같다. 산허리에 굴이 있는데, 절로 큰 방을 만들었다. 매우 넓고 툭 터져 있으며, 신령스런 물의 근원 한 줄기가 바위 사이에서 방울방울 떨어진다.

《남명소승》

천제담(天帝潭)은 굽어보면 물 전체가 맑고도 깊다. 크기는 천지(天池)와 같다. 3면의 암석이 무리지어 섰는데, 모두 8면으로 되어 있다. 골짜기는 그윽하고 깊다. 바다까지는 5~6리쯤 된다.

《남명소승》

천제연 폭포, 사진ⓒ권태균

송악산은 아득한 형세는 없지만, 바다 위에 불끈 솟아 굼실굼실 펼쳐져 있다. 동남쪽 한 모서리는 펑퍼짐하여 제단같이 생긴 것이 100명이 앉을 수 있다. 그 아래는 뚝 끊겨 높이가 1만 길도 넘는다. 고래 같은 파도가 흉흉하고, 하늘에 닿도록 한 점의 섬도 없다. 사람들이 말하기를, 옛날에 바다 매가 와서 절벽 중간에 둥지를 틀었다. 그때 제주 목사가 그 새끼를 잡으려고 굵은 밧줄로 사람을 매달아 내려보냈는데, 밧줄이 갑자기 끊어져 그 사람은 뼈가 바수어진 채 바다에 빠졌다. 무부(武夫)가 제 욕심껏 아무 거리낌 없이 사람을 천 길 절벽 위에서 시험하여 장난감으로 삼는 것도 이와 비슷한 점이 많다. 《남사록》

송악산은 산세가 불쑥 솟아 있고, 위는 손바닥처럼 평평하다. 북쪽에 기이한 바위가 있는데, 마주보고 우뚝 서 있는 것이 하나의 석문 같다. 석문을 따라 길이 나 있다. 짤막한 산굴로 들어가면 마치 인공으로 만든 산을 가로세로로 줄지어놓은 것 같다. 참으로 조화의 솜씨가 빼어난 곳이다. 특히나 괴이한 것은 깎아지른 절벽이 천 길이나 되는데 모두 파도가 갉아먹은 자국이 있는 점이다. 예전 한 더미 모래가 쌓여 봉우리를 이룬 것이 있었는데, 그 꼭대기에는 바닷물이 왕래한 흔적이 남아 있다. 이로 본다면 황진(黃塵)과 청수(淸水)의 주장[3]을 어찌 터무니없다 하겠는가? 《남명소승》

고려 때 탐라는 오랑캐 원에게 조공했다. 명월포(明月浦)에서 편

서풍을 만나 직로로 7일 밤낮을 가면 백해(白海)를 지나 큰 바다를 건넌다고 한다. 《표해록》

명월진은 고을에서 서쪽으로 60리 거리에 있다. 삼별초가 진도에 주둔하고 있을 때 가짜 장수 이문경(李文景)을 파견하여 이곳에 정박했다. 김방경(金方慶)이 삼별초를 토벌할 때 좌군(左軍)은 비양도(飛楊島)로 들어왔는데 바로 이 포구다. 호종조(胡宗朝) 또한 이곳에 와서 정박했다. 공민왕 때 원목자(元牧子) 등이 난을 일으키자, 최영(崔瑩)을 보내 군대를 이끌고 와서 토벌하도록 했다. 목자 등이 이 포구에서 항거하여 싸웠는데, 진격하여 이를 깨뜨렸다고 한다. 이곳은 제주의 으뜸가는 요해처(要害處)다. 《지지》

조리(旱里) 연대(烟臺)의 길 왼쪽에는 동서로 석굴이 있는데, 두 석문이 마주보고 있다. 서쪽 굴은 깊이가 겨우 50보 정도이고, 동쪽 굴은 횃불을 들고 100여 보를 들어가면 굴이 점점 낮고 작아져서 들어갈 수가 없다. 때문에 깊고 얕은 것을 헤아릴 수가 없다. 또 바다 쪽으로 3~4리를 가면 동쪽 굴만 한 크기의 굴이 있다. 굴에는 모두 종유석이 있다. 엉겨 맺힌 것이 휘장을 드리운 듯하다. 아래로 내려오는 것이 물방울처럼 떨어져, 마치 비가 사람의 의관을 적시

3_ 황진청수(黃塵淸水)는 변화의 신속함을 비유하는 말로, 당나라 시인 이하(李賀)가 〈몽천(夢天)〉 시에서 "삼산 아래 황진과 청수가, 다시 변해 천 년이 달리는 말 같구나.(黃塵淸水三山下, 更變千年如走馬)"라고 한 데서 나왔다.

는 것 같다. 굴을 나서면 문득 모래가 된다. 《남명소승》

도근천은 바위절벽이 높고 위험하다. 폭포에서 날아오르는 물결이 수십 척이다. 그 물이 땅속으로 스며들어 7~8리를 가서는 바위 사이에서 솟아나 큰 시내를 이룬다. 깊은 못이 있고, 사물의 형상을 한 것도 있는데, 마치 수달이 몰래 변화해서 사람이 물건을 펼쳐두는 것을 살피다가 못 속으로 가지고 들어가는 것 같다고 한다.
《지지》

두천(斗川)은 병문천(屛門川)에서 서쪽으로 50보 되는 곳에 있다. 생김새가 됫박처럼 생겨서 두천(斗泉)이라는 이름을 얻었다. 세상에서 전하기를, 이 물을 마시는 사람은 능히 100걸음을 날아갈 수 있다고 한다. 호종조(胡宗朝)가 왔다가 그 신령스런 기운에 압도되어 달아났다고 한다. 지금은 막혀서 평지 같다. 다만 스며든 물빛이 새어나와 금액(金液)이 흘러나올 뿐이다. 《남사록》

용추(龍湫)는 고을 서쪽 5리에 있다. 매우 깊어서 바닥을 모른다. 가물 때 비를 빌면 응험이 있다. 양옆에 바위절벽이 병풍처럼 꽂혀 있다. 물빛이 맑고 가운데는 짙은 초록색이다. 둘레가 고즈넉하여 어부들이 바람을 피해 배를 이곳에 보관한다. 《남사록》

읍 소재지는 예부터 대촌(大邨)이라 불렀다. 바로 삼성(三姓)이 살

던 땅이다. 《지지》

 장올산(長兀岳)은 고을의 동남쪽으로 40리 거리에 있다. 수장올(水長兀)·초장올(艸長兀)·화장올(火長兀)·험장올(險長兀) 등 네 장올이 있으니, 이는 모두 산봉우리의 이름이다. 그 가운데 평평하고 넓은 것이 수장올봉으로, 가장 높다. 큰 고개 위에는 용지(龍池)가 있는데, 지름이 50보쯤 되고, 깊이를 헤아릴 수 없다. 사람이 떠들면 구름 안개가 사방에서 피어나 비바람이 사납게 들이친다. 가물 때 여기서 비를 빌면 효험이 있다. 못 둘레에는 바다 조개의 껍질이 쌓여 있다. 세속에서 전하기를, 바다 새가 물어다둔 것이라고 한다. 새의 울음소리가 '공공' 하므로 공조(貢鳥)라 한다. 점필재 김종직(金宗直)의 시에 "가물어도 마르잖고 비와도 붇지 않네."라 한 것이 바로 이것이다. 《남사록》

탐라기

耽羅記

노인성(老人星)이 춘분과 추분에 병정(丙丁) 방향에 보인다. 산 남쪽에 있는 마을의 집에서는 모두 볼 수 있다. 어떤 이는 귤을 매달아 놓은 것 같아서 황금빛이 반짝반짝하는 것 같다고 말한다. 예전 판서 신이문(申以文)이 이를 적어놓았다. 사람들은 실제로 본 것이 아니라 과장일 뿐이라고 말한다. 하는 말마다 달라서 일정치가 않다.

금년은 춘분이 일러서 산 위에는 눈이 여전히 한 자 남짓 쌓였다. 이에 산 남쪽으로 가보려고 2월 23일에 길을 떠났다. 택녕(宅寧) 서숙(庶叔)과 약초꾼 김명곤이 바둑판을 들고서 함께 갔다. 원천(院川)에서 점심을 먹었는데, 시냇물은 쟁글거리고 바위는 예스럽고 괴이했다. 큰 나무가 떨어져서 서 있는데 깨끗해서 기뻐할 만했다. 기장밥을 지었는데 익지 않았다.

숲 사이로 사람들이 시끄럽게 떠드는 소리가 들렸다. 조금 있으려니까 포수 수십 명이 이곳 사람들은 포수를 일컬어 선방(善放)이라 한다. 담여에 산짐승을 메고 와 앞에다 어지러이 내려놓는다. 멧돼지의 크기가 작은 송아지만 했다. 미리 이들에게 사냥을 하게 해서 길에서 기다리게 한 것이다. 사슴 한 마리, 노루 한 마리, 멧돼지 두 마리를 잡았다. 장작을 쪼개서 불을 붙였더니 성난 불길이 집채를 온통 태울 듯했다. 사냥꾼은 저마다 더벅머리가 부스스하고 흙먼지를 잔뜩 뒤집어쓰고 있었다. 손때는 마치 이끼가 핀 것 같았다. 허리 사이를 더듬어 칼을 뽑는데, 창포 칼날에 서리 기운이 서려 있었다.

잡은 짐승을 바위 위에 놓고 갈랐다. 소금과 장은 쓰지 않고, 큰 고깃덩어리를 꼬치로 만드니 길이가 몇 자나 되었다. 불가에 꽂아

김을 쐬어 구웠다. 기름이 지글지글 탔다. 뭐라 말할 수 없을 정도로 맛이 있었다.

길이 대정현의 경계로 접어들었다. 긴 숲을 뚫고 길을 열었다. 산유자와 비자, 금동(金桐) 등의 나무가 모여 서 있었는데, 모두 아름드리 나무였다. 정오부터 10리를 갔는데도 해가 보이지 않았다. 쌓인 잎이 무릎을 묻고 얽힌 가지가 옷에 걸려 사람들이 감히 그 속에 들어오지 못했다.

이날은 자단촌(紫丹邨)에서 잤다. 동틀 무렵에 천제담에 이르렀다. 그곳은 평지가 움푹 꺼져서 절로 골짜기를 이루고, 돌기둥이 늘어서서 마치 병풍처럼 하늘을 버티고 섰다. 가운데를 에워싸고 못 물이 담겨 있었다. 검푸른 것이 깊이를 헤아릴 수 없었으며, 콩 한 말 남짓 뿌릴 만한 너비였다. 그 바깥은 숫돌이 문짝이나 자리처럼 어지럽게 놓여 있었다. 물은 바위 사이에서 울었다. 혹 내뿜고 혹 머금어 한 걸음 내디딜 때마다 모습이 달랐다. 또 펑퍼짐한 너럭바위가 있어 물이 그 위로 골골 흐르다가 떨어져서 폭포가 된다. 길이는 100척이다. 두 벼랑에는 푸른 절벽이 깎은 듯하고, 진귀한 나무가 가득했다. 바위의 이끼를 쓸고서 바둑을 두고 술을 마시며 온종일 놀다가 왔다.

이날은 춘분이었다. 서귀진에서 잤다. 서귀진은 남쪽 바다를 누를 듯 내려다본다. 섬 세 개가 포구에 늘어서 솟아 있다. 바위절벽이 사방에 깎은 듯하고, 나무가 무성하여 그 모습이 마치 산으로 된 시렁 같았다. 그 가운데 하나는 범도(凡島)라 하는데, 바로 최영 장군이 '하치(哈赤)' '하치'는 원나라에서 둔 목민관이다. 고려 말에 반란을 일으켰다. 를 깨뜨린 곳이다.

저녁 무렵 하늘 끝에서 첩첩 쌓인 산처럼 한 줄기 구름이 일어났다. 서귀진 사람이 말했다.

"오늘은 틀림없이 바다 노을이 자옥해서 별을 보기에 좋지가 않겠습니다."

조금 후에 몰려든 구름이 사방으로 퍼지더니 바다와 하늘이 뒤엉겨 다만 푸를 뿐이었다. 혼돈이 갈라지기 전처럼 어지러워 원기(元氣)가 자옥했다. 한밤이 못 되어 빗방울이 후드득 떨어지는 소리가 들렸다. 등불을 돋우고서 잠을 이루지 못하다가 동행한 사람에게 말했다.

"그대나 나는 모두 한양 사람인데, 밤중에 남쪽 끝 한바다의 물가에서 자게 될 줄이야 어찌 평소 생각이나 해보았겠는가? 북쪽 사람에게 들려준다면 비록 죽을 때까지 해보려 해도 할 수 없는 일이라 할 것일세. 지금 우리는 모두 원치 않아도, 또한 그만두고 가버리려 해도 할 수가 없네. 사람의 일은 앞서 정해진 운명이 있어 그렇게 시키는 것인가 싶네."

이튿날 아침 비가 갰다. 천연지(天淵池)를 보려고 덩굴을 더위잡고 돌 비탈을 올라 골짜기 속을 굽어보며 들어갔다. 비가 와서 시내가 불었다. 폭포의 흐름은 내뿜는 듯 100여 척이나 쏟아져 내리고, 그 소리가 요란하게 울렸다. 벼랑 가까운 곳의 나뭇가지와 잎은 물의 기세에 따라 잔뜩 움츠렸다. 사면의 푸른 절벽은 겹겹이 포개진 것이 마치 방 같았다. 온갖 진귀한 나무들이 모두 바위틈에 뿌리를 서려 이리저리 뻗은 뿌리가 들쭉날쭉했다. 이끼가 엷게 침식해서 바위의 색은 마치 그림 같은 옅은 황색이었다. 박연폭포의 웅장함에 견주면 비록 못 미쳐도 은근한 맛은 이곳이 더 나았다.

  동쪽으로 돌아 10리를 가서 정방연(正方淵)에 이르렀다. 깎아지른 절벽이 매달리듯 꽂혀 있고, 바다의 파도가 그 밑동을 거세게 할금거렸다. 폭포는 1,000척을 흘러내려 곧장 바다 위로 쏟아진다. 그 형세가 기이하고 대단해서 앞서 본 두 폭포에 견줄 바가 아니었다. 마침내 시를 지어 말했다.

내가 만일 시 한 수 짓지 않으면
외로이 정방연을 저버림이라.
무지개 가을 바다 드리우더니
나는 별 밤하늘에 걸리었구나.
시인이 바라본 웅장한 기세
시구는 외려 길이 전하여지리.
묻노라, 황량한 산비탈 아래
적막히 지금껏 몇 해나 됐나.
我詩如不作, 孤負正方淵.
霽蝀秋垂海, 飛星夜竟天.
詞人看氣勢, 佳句却流傳.
借問荒山下, 寂廖今幾年.

정방연. 사진ⓒ권태균

이날은 의귀촌에서 잤다. 이튿날 정의현에서 점심을 먹었다. 현에서 30리를 가서 성산에 이르렀다. 천 길 바위산이 바다 가운데 우뚝 서 있는데 깎아지른 절벽이 둘레를 에웠다. 성산 성곽 안에서부터 귤원(橘園)이 있었다. 동쪽 절벽은 특히나 깎아지른 바위였다. 바로 앞에 우도를 마주하고 있다. 두려워 감히 다가설 수 없게 만든다. 모래 길이 가늘고 길게 이어져 있고, 양옆으로는 포구가 구불구불 잇닿아 자못 강호의 흥취가 있었다. 물새가 가장 많았다.

이날은 수산진에서 잤다. 한밤중에 수산망(水山望)이곳에서는 봉우리를 모두 '망' 이라고 부른다.에 올라 일출을 보았다. 성긴 별이 반짝였다. 새벽빛이 바다 위로 솟구치니 바다 안개 한 줄기가 작은 병풍 같았다. 하늘가에 잠깐 만에 금쟁반 같은 해가 안개를 헤치고 나왔다. 솟구치는 파도가 반만 토해놓은 듯 반쯤은 가려져 보이지 않았다. 약초꾼 김명곤이 말했다.

"반평생 바다가 끝나는 곳을 몰랐더니 이제야 알겠습니다. 해 뜨는 곳이 바로 끝이로군요."

이에 서로 돌아보고 웃었다.

정오에 가마곶숲 덤불을 통칭하여 곶이라 한다.에 이르렀다. 사냥꾼 수십 명이 기계를 가지런히 정돈하고 길 왼쪽에서 나를 기다리고 있었다. 그래서 안장에 올라탄 채로 점심을 먹었다. 잠시 후 꿩잡이는 꿩을 바치고, 사냥꾼은 사슴을 쏘았다. 사냥해서 얻은 것은 사슴 한 마리, 노루 한 마리, 꿩 세 마리였다. 반나절을 구경하다 저녁에 조천관에서 잤다.

이튿날 진장(鎭將)이 나를 위해 어부를 불러 그물을 들어 포구를 막았다. 바닷물은 바닥까지 환하게 보여서 그물 속의 물고기 떼를 헤일 수 있을 정도였다. 낮에 썰물이 조금 지자 은빛 비늘을 한 물고기가 그물에서 뛰어올라 배로 떨어졌다. 바위 위에 앉아서 회를 썰어 술을 마셨다.

저녁때 관아로 돌아왔다. 가고 오는 데 모두 엿새가 걸렸다. 고을에서 남쪽으로 돌아 원천까지가 60리, 원천에서 곧장 남쪽으로 가서 자단까지가 30리이다. 자단에서 곧장 동쪽으로 가서 서귀진까지가 30리, 또 동쪽으로 의귀촌까지가 40리이다. 또 동쪽으로 정의현까지가 30리이고, 정의현에서 동쪽으로 돌아 북쪽으로 건너 수산까지가 30리이다. 수산에서 곧장 북으로 와서 가마곶까지가 30리요, 가마곶에서 서쪽으로 돌아 조천관까지가 50리이며, 조천관에서 곧장 서쪽으로 와서 주성(州城)까지가 30리이다.

순해록

循海錄

내가 이수찬(李修撰)과 더불어 한번 놀러갈 약속을 했다. 이수찬은 이름이 아무개요, 자가 아무개이다.[1] 그는 대정현에서 귀양을 살고 있다. 4월 12일 기해일에 나는 아침 일찍 밥을 먹고 한라산 서쪽 기슭을 넘어 입석(立石)이라 하는 꼭대기에 이르렀다. 산비탈 모퉁이에 구덩이가 파여 작은 못이 생겼는데, 너비가 반 이랑쯤 된다. 물맛이 아주 맑고 시원하다. 사방 벼랑에는 노목이 무성하다.

섬 전체가 모두 석굴이고 표토(表土)가 위에 얹혀 사람과 말이 지나가면 울리는 소리가 난다. 냇물은 땅 속으로 흘러가기 때문에 마을 집에는 우물이나 샘이 없다. 흙구덩이를 파서 비를 받아 마시는 자가 반이 넘는다. 오직 이곳 높은 목에서만 활수(活水)가 난다. 비가 와도 불지 않고, 가물어도 줄어들지 않으니 기이하다 할 만하다. 이곳에서 점심을 먹었다. 보슬비가 잠깐 뿌렸다. 흰 구름이 무리를 지어 사람을 에워싸고 지나갔다.

이날 이수찬과 함께 베개를 나란히 하고 잤다. 비 때문에 하루를 머물렀다. 신축일에 고삐를 나란히 하고 창고천(倉庫川)에 이르렀다. 산등성이가 가늘게 눈썹처럼 나뉘었고, 큰 내가 가운데로 흘러간다. 기슭을 따라 바위가 10리나 이어진다. 여린 잎이 처음 돋고, 봄꽃은 흐드러지게 피었다. 양옆에 촌가가 늘어섰는데 환하고 아름다워 사랑스러웠다. 대개 온 섬의 토성(土性)이 가볍고 건조하며, 언덕과 멧부리는 모두 따로 떨어져서 솟아올랐다. 오직 이곳에만

---

[1] 이수찬은 《탐라문견록》의 서문을 쓴 이만유를 가리킨다.

찰진 흙이 있으니, 산세를 나눌 수 있다. 그 사이에 목면을 심고, 무논이 많다. 하류는 감산천(甘山川)이 된다. 시내 바위는 높고 평평하고, 숲에는 나무가 울창해서 여기저기 앉아 놀 데가 많다.

산방산 이름에 이르니, 바위벼랑이 사면으로 솟았다. 모두 1,000길은 되지 싶은데, 꼭대기에는 흙이 있어 잡목들이 무리지어 울창하다. 남쪽 언덕에 석실(石室)이 있다. 좁은 길이 구불구불 꺾어져 몹시 위험하다. 석실은 넓어 100명이 잔치를 벌일 만하다. 높이는 수십 장이나 된다. 통으로 된 바위가 쪼개져서 앞이 터졌다. 절벽의 색깔은 옅은 푸른빛이고, 중간에 한 필의 비단을 드리운 것 같은 흰 무늬가 있다. 중앙의 들보와 서까래 사이로 맑은 샘물이 매달려 흘러내린다. 맛은 달고 차며, 졸졸 흐르는 소리가 들린다. 절벽 틈에 나무가 사는데, 꽃은 희고 열매는 둥근 것이 보통 나무와 다르다. 처마와 창문, 계단과 섬돌이 천연적으로 두루 갖추어져 있다. 그곳에 구리 부처가 이끼에 반쯤 부식된 채 있다. 또 쌓인 바위와 돗자리가 마치 사람이 사는 형상 같았다. 토박이가 말했다.

"예전에 걸승(乞僧)이 있었는데, 낮에는 마을로 다니고, 밤에는 이곳에 와서 잤습니다. 육지에서 온 사람이었지요." 제주에는 승려가 없다.

고을에서 동서로 수백 리 사이에 있는 바위는 모두 검은빛에 수포 모양이 있지만, 유독 이 산의 돌만 단단한 흰색으로 결이 촘촘해서 무덤의 비석으로 대신할 수 있다. 그곳에서 떨어지는 물을 받아 밥을 지었다.

곧장 남쪽으로 10리를 가서 송악산에 올랐다. 깎아지른 벼랑이 기우뚱 서 있다. 큰 바다의 쌓인 물과 하늘이 맞닿은 가장자리가 눈으로 보아서는 끝이 잘 보이지 않는다. 사람들이 말했다.

"절강과 복건의 장사꾼으로 장기도에서 물건을 파는 자들이 이 바다에서 물길을 시작합니다. 큰 선박이 돛을 펴고 왕래하는 것을 일 년에 수십 번씩은 봅니다."

대정현의 경계가 다했기 때문에 이수찬과 작별했다. 갈림길에서 악수를 하고 헤어지니 애틋한 여운이 남았다. 모슬진(摹瑟鎭)에서 잤다. 모슬진의 머리는 바다 속으로 들어가 있고, 앞에 섬 두 개가 있다. 섬들은 아주 둥글고 평평해서 방석 같다. 두 섬의 이름은 마라도(麻羅島)와 가파도(加波島)이다. 둘레가 각각 10여 리쯤 된다. 물길로는 30~40리쯤 된다. 인가는 없다. 저녁때 요대(瞭臺)에 올랐다. 바닷가에 대를 쌓았는데 먼 곳이 바라보인다. 낙조(落照)가 바다에 어룽져서 바다 밑은 조금 푸르렀다.

배 한 척이 지는 해 옆에서 오는데 갈대 돛이 햇빛에 비쳤다. 바람이 매서워 반쯤 기우뚱했다. 잠깐 만에 두 섬 사이로 들어가 버렸다. 모슬진 사람의 말이, 육지의 물질하는 사람이 몰래 전복을 채취하는 것이라 한다. 그 섬에서 나는 전복이 가장 커서 간혹 5~6촌이 넘기도 한단다.

임인일에 명월진에서 점심을 먹었다. 제주의 서쪽 모퉁이는 평원이 손바닥 만하다. 보이는 것이 시원스레 툭 터져서 기뻐할 만하다. 애월진에서 잤다. 계묘일에 관아로 돌아왔다. 나가 논 지 닷새 만이었다. 왕복 노정은 260리이다. 며칠 뒤 빙담(冰潭)을 보았다. 이곳은 해변이 아니므로 이 글에는 포함하지 않는다.

해산잡지

海山雜誌

탐라는 동서가 160~170리이고, 남북은 100여 리이다. 지세는 사방이 낮고, 가운데가 솟아올라 점차 높아진다. 바위가 쌓인 것이 엉겨 솟아 한라산이 된다. 비록 자잘한 구릉이 있기는 해도 쓸모없이 쌓여 붙어 있는 형국이라 통으로 하나다. 마치 모자를 엎어놓은 것 같아서 10리 되는 평원이 없다. 바다로부터 길이 시작되어 아무리 올라가도 끝이 없다. 꼭대기에 가서야 그친다. 사면을 둘러, 바다 가까운 곳 10리나 20리, 혹은 30리가 백성의 밭이다. 밭에서부터 10리나 20리쯤 올라가면 목장이다. 목장에서 10리나 20리, 혹은 30리 올라가면 숲이다. 아름드리 잡목들이 절로 나서 절로 말라 죽는다. 숲지대가 끝나면 산세는 더욱 가파르다. 바람의 기세도 매섭다. 가지 있는 나무는 못 살고, 키 작은 풀이 땅을 덮고 있을 뿐이다. 이 같은 지역을 5리 또는 10리쯤 지나야 비로소 향나무가 있다. 그 줄기와 가지는 마치 삼나무나 회나무 같고, 잎은 자단(紫檀) 같다. 산을 둘러 무더기로 서 있고, 다른 나무는 아예 없다. 지세가 조금 높아지면 향나무는 점점 옹이가 져서 자라지 못한다. 꼭대기로 가면 오직 덩굴식물이 줄기를 뻗어 땅에 붙어서 다시 뿌리를 내린다. 세월이 오래되면 능히 10여 칸 넓이로 덩굴을 뻗는다.

백록담은 한라산 상봉의 꼭대기에 있다. 둘레가 10리가량이고, 사방에 벼랑이 에워싸고 있다. 아주 동그래서 이지러지거나 움츠러든 데가 조금도 없다. 흙과 돌이 뒤섞여 있으며, 깎아지른 바위가 수백 길이나 곧장 내려온다. 그 가운데는 집 안처럼 아주 평평하며, 금사(金莎)가 물웅덩이에 무성하게 자란다. 북쪽 벼랑에서 아래로 내려가서 네 모서리 중 한 곳에 있으면 깊은 곳은 어두침침하여 헤아릴 수가 없다. 내가 놀러간 것이 4월 그믐이었는데도 백록담 물가 언덕 아래에는 녹지 않은 얼음의 두께가 거의 몇십 척이나 되었다. 사람을 시켜 벼랑으로 내려가 물을 떠오게 했다. 올라올 때 보니 사람 크기가 한 치 남짓도 되지 않았다. 고라니와 사슴, 산마(山馬) 같은 짐승이 날마다 못에 와서 물을 마신다. 금사 가운데로 작은 길이 가로세로로 나 있다. 남쪽 기슭으로 해서 내려가니 골짜기가 하나 있고, 좌우로 깎아지른 듯 서 있는 절벽이 7~8리쯤 이어졌다. 앞쪽은 툭 터져서 드넓은 남쪽 바다가 무릎 아래로 바싹 들어선다. 왼쪽 벼랑에는 어지러운 바윗돌이 늘어서 있다. 햇빛이 비스듬히 비추자 하늘을 우러르는 것, 땅을 굽어보는 것, 단정하게 똑바로 선 것, 비스듬히 기운 것이, 불쑥 솟은 것은 성난 듯하고, 겸손한 것은 피하는 듯하여 그 형상이 가지가지였다. 색깔은 모두 옅은 흰색이다. 사람과 닮았다고 해서 이곳 사람들은 오백장군동이라고 한다. 혹 영실이라고도 한다.

  내가 한라산에 오르기 시작한 것은 닭이 울 때였다. 일찍 밥을 먹고 30리를 갔다. 길옆에 잠깐 앉아 있자니 바다에서 해가 막 떠올랐다. 수정 같은 빛이 머리카락을 비추었다. 푸른 바다 온 둘레가 은홍(銀汞)빛으로 차오르더니, 잠깐 만에 바다 안개가 줄처럼 동쪽으로부터 벼랑을 타고 올라왔다. 점차 다가올수록 더 길어져서 잠깐 돌아보는 사이에 온 섬의 절반을 삼켜버렸다. 그 색깔은 불에 그은 검푸른 빛 같기도 하고, 솜처럼 흰빛 같기도 했다. 해가 쬐면 붉게 변하고, 바다에 비치면 초록빛이 되었다. 어지러이 뒤섞여 천백 가지로 변화했다. 그 모습은 둥근 버섯이 모여들며 삼켰다 토했다를 반복하여 드잡이질을 하며 기세를 돋워 자리를 말아 올리듯 밀려왔다. 이윽고 흩어져 넓게 퍼지더니 하늘과 물 사이에 가득해졌다. 먼 곳까지 봐도 한 빛깔뿐이었다. 오후 들어 점차 걷히더니, 오후 4시경이 되어 절정에 올랐을 때는 먼 안개가 사방에 낮게 깔려 다만 푸르스름할 뿐이었다.

고을 서문에서 5리쯤 가면 바닷가에 취병담(翠屛潭)이 있다. 양쪽 벼랑의 절벽은 깎아놓은 것만 같다. 물은 검푸른 것이 깊이를 헤아릴 수 없다. 못 어귀에 있는 여염집 100여 호가 아침저녁으로 물을 길어 쓰는 것을 오로지 이 못물에 의지한다. 마을에 사는 노인이 말했다.

"못물은 달고 차서 마실 만합니다. 60년 이래로 괴물이 바다에서 들어와 못 가운데서 살면, 못물이 밤낮으로 부글부글 끓어올라 색깔도 누렇게 탁해지고 맛도 비린내가 나서 먹을 수가 없습지요. 못에 살다가 혹 반년 만에 떠나기도 하고, 혹 30~40일 만에 가기도 합니다. 떠나고 나면 물은 다시 맑고 찬 것이 보통 때와 같습니다. 오갈 때 물가 백사장에 큰 항아리를 끌고 간 것 같은 흔적이 있습니다. 4~5년에 한 번씩 오는데, 지금은 오지 않은 지가 네 해 되었습니다."

그 모습을 본 사람은 아무도 없다.

못에서 서쪽으로 100보쯤 가면 용두(龍頭)라고 하는 곳이 있다.

용두암, 사진ⓒ권태균

융기해서 퇴적된 것이 길게 걸쳐 굽어보며 바다로 든다. 마치 달리는 말이 물을 마시는 것 같다. 바위는 검푸른 색으로 성질이 단단해서 쇳덩이 같다. 무늬는 덩어리진 채 주름이 잡혔다. 무어라 설명하기가 어렵다. 고을에서 서쪽으로 20리를 가면 김통정(金通精)삼별초의 반란 때 도적 우두머리의 이름이다.이 쌓은 토성의 옛터가 있다. 성벽의 담장이 지금도 우뚝 솟아 있으며, 샘물이 마르지 않고 솟는다. 토성에서 조금 남쪽으로 10리를 가면 무수천(無愁川)이다. 100길쯤 되는 양쪽 언덕이 가파르게 끊어졌다. 노목이 줄지어 섰고, 바위의 모서리가 조금씩 드러난다. 붉고 푸른빛이 무수천 상류에 엇갈려 비친다. 중산(中山)한라산의 절반 되는 곳이라 중산이라 말한다.에 이르면 빙담(冰潭)이 있다. 높은 산이 둘레를 에워싸고, 여러 골짜기의 물이 시내 하나로 모여든다. 맑은 물결이 여울져서 폭포 하나에 못이 하나다. 좌우의 암석은 모두 숫돌 같다. 노목이 서로 그늘을 만들어 그윽한 풀이 절로 자란다. 엄숙하면서도 고요해서 사람이 오래 머물 수 없다. 돌아가는 길에 등영굴(登瀛窟)에 이르면 자못 툭 터져 넓은 석실이 있다. 이때는 4월이라 영산홍이 흐드러지게 피었다. 꽃떨기가 왜철쭉과 아주 비슷했다. 색깔은 짙은 붉은색이었다. 나무의 높이는 네댓 장쯤 된다. 변화한 가지와 무성한 꽃떨기가 붉은 안개 속에 사람의 옷에 비친다.

  망경루는 고을 동헌(東軒) 오른쪽에 있다. 바다까지의 거리는 한 마장이다. 눈 닿는 곳의 길이가 1,000리쯤 된다. 하루는 어스름 저물녘에 한 떼의 검은 구름이 바다 한 귀퉁이에 떠 있는데 비 내리는 것을 희미하게 볼 수 있었다. 잠깐 사이에 구름장이 붉게 변하더니 번개가 내리쳤다. 수평선의 황금빛 줄기가 길게 하늘가에 늘어서 더니만 해면(海面)의 절반을 쪼개 부수니, 양옆으로 날카로운 빛이 번쩍거렸다. 부서지다가는 솟구쳐 오르고, 없어졌나 하면 다시 흐르다가 황혼이 되어서야 그쳤다. 대개 여름과 가을 사이에 이런 일이 많다. 비가 서쪽에서 내리면 번개는 동쪽에서 나온다. 비가 동쪽에서 오면 번개는 서쪽에서 친다. 언제나 우레 소리는 들리지 않는다.

한라산에서 바다에 이르기까지 몇 자 아래는 모두 돌이다. 그래서 흙의 성질이 쉬 흩어져 힘이 없다. 밭을 가는 자가 씨를 뿌리고 나면 바로 소나 말을 몰아 이를 밟아준다. 그러지 않으면 바람에 날려가서 남는 것이 없다. 또 한 열흘만 가물면 반드시 거북등처럼 갈라진다. 비가 조금만 내리면 아래로 씻겨 내려가 싹을 다치게 한다. 그래서 해마다 기근이 들어 백성 먹이기가 극히 어렵다. 육지 사람이 하루 먹을 양식을 2~3일에 나누어 먹는다. 부역에 기꺼이 응하지만 크게 힘을 쓰지 못한다. 땅에 맞는 곡식이라고는 조와 보리와 메밀 등 몇 종류뿐이다. 바닷가에 부추처럼 생긴 풀이 있는데, 그 잎을 따서 쌀에 섞어 익혀 먹으면 능히 기근을 구할 수가 있다. 산뽕나무가 있어도 누에는 치지 않는다. 면포(綿布)도 사서 쓰므로 매우 귀하다. 아녀자들은 옷감 짜는 것이 무슨 일인지조차 모른다. 다만 미역 따는 것을 일로 삼는다. 얼음이 막 녹을 무렵 비가 내리면 미역이 바다 속에서 처음 나오고, 4월이 되면 아주 무성해진다. 이

때가 되면 온 섬의 남녀가 모두 나가 이를 딴다. 물가를 따라 뜨락 잠기락하며 까마귀 떼처럼 바다를 뒤덮는다. 그 가운데 능한 자는 전복을 따기도 한다. 전복은 이문이 많이 남는다. 그래서 물질하는 여자라야 능히 신랑감을 고를 수 있다.

거주하는 백성 가운데 오래 산 사람이 많다. 이때는 108세 된 이도 있었다. 70세나 80세 먹은 사람도 능히 가래를 잡고서 밭을 갈고 씨를 뿌린다. 대개 먹고 살기가 너무 힘들다 보니 먹는 것이라고는 풀뿌리뿐이고, 옷은 몸을 가리지 못한다. 마을 집에는 온돌이 없다. 다만 몇 간의 집을 만들어놓고 사방에 벽을 세워 바람만 막는다. 중앙에 흙난로를 설치해 불을 땐다. 겨울에는 한 집안의 남녀노소가 화로를 둘러싸고 누워 온기를 취한다. 나가면 눈보라를 맞으므로, 가파른 산과 바다 사이여서 근골을 단단하게 한다. 또 양생의 도구가 절반 넘어 갖추어져 있지 않다. 세간의 일체 기교(機巧)와 이해를 따지는 일은 듣도 보도 못한지라 수고롭게 일하고 쉰다. 편안하게 만족하니 마음 쓸 데가 없다. 그래서 능히 그 삶을 보전하여 늙어도 쇠하지 않는다. 어떤 이는 수성(壽星)이 보이기 때문에 장수하는 이가 많다고 하나, 그렇지는 않을 것이다.

3월 하순에 망경루에 있을 때 일이다. 이날은 날씨가 맑고 바람이 잠잠했다. 해면도 맑고 잔잔했다. 새 한 마리가 바다에 떠 있는데, 순흑색이었다. 긴 목에 짧은 부리를 한 것이 거위와 비슷했다. 이따금 고개를 숙여 물속에 들어갔다가 몇 식경(食頃)이 지나서야 비로소 나왔다. 반나절 동안 헤엄치다가 깃을 털고 돌아보는데, 그 기세가 대단했다. 본 것으로 떨어진 거리를 헤아려보니 배들이 지나가는 거리였다. 그 거리에서는 사람도 한 치가 되지 않는데 이 새는 크기가 황새만 하니, 소 몇 마리 합친 것만 함을 알 수 있겠다. 오후 늦어서야 천천히 가버렸다. 마침내 그 날갯짓과 울음소리는 보지 못했다. 보통 때는 흰 갈매기가 바다를 뒤덮었지만 이날은 보이지 않았다. 어찌 두려워 그런 것이 아니겠는가? 용두암에서 놀 적에 해면 위로 어떤 물건이 나왔는데, 높이가 한 자 남짓 되었다. 넓이 또한 이와 같았다. 지극히 방정하고 평평해서 그 모습이 마치 됫박 같았다. 칠흑빛이 나서 색깔이 능히 해를 비추었다. 삽시간에 다시 바다 파도 속으로 들어갔다. 끝내 무슨 물건인지는 모르겠다.

포인(鮑人)이 말했다.

"고기를 잡으려고 배를 타고 바다로 나갔습지요. 갑자기 물소리가 쪼개지듯 부서져 귀를 진동하더니만, 길이가 수십 길이나 되는 뱀이 굵기는 항아리만 하고 색깔은 진황색이 번쩍번쩍했습니다. 마치 황금 이무기가 배를 낚아채가는 듯했지요. 누런 무리[暈]가 물결에 얼비치다가 한참 만에 그쳤습니다."

그가 또 말했다.

"바다소[水牛]는 우도의 굴속에서 많이 납니다. 굴의 좌우로 벼랑의 바위가 층층이 쌓여 계단을 만들었는데, 바다소 10마리, 100마리가 늘 바위 사이에서 편안하게 누워 있거나 엎드려 있지요. 사람을 보면 얼른 흉흉한 물속으로 뛰어듭니다. 또 바다 속에는 개도 있고 고양이도 있습니다. 그 머리 모양과 생김새가 육지 것과 차이가 없습니다. 또 크고 작은 짐승이 있는데, 털빛은 온통 누런색입니다. 사납게 수면 위로 나와 멋대로 달려가는데, 마치 화살처럼 곧지요. 또 살로 된 날개가 달려서 날아다니는 고기도 있습니다. 능히 몇 장은 솟구쳐서 수백 걸음을 날아갑니다. 고기가 있으면 잡아먹기도 합니다. 날아가는 고기는 미리 제 날개 힘이 다할 곳을 알아, 먼저 가서 입을 벌려 먹이를 기다립니다. 이 고기는 세속에서는 수육이(酥肉伊)라고 부릅니다. 혹 변화하여 사슴이 되기도 하지요. 어떤 사냥꾼이 사슴을 잡아 배를 가르니 뱃속이 온통 물고기의 내장이더랍니다."

나도 일찍이 보았다. 요리사가 사슴을 요리하다가 넓적다리 안에서 생선 가시 하나를 얻었다. 길이는 다섯 치 남짓이고, 가늘어도 굳세고 뾰족해서 진짜 물고기 뼈였다. 게다가 그 사슴은 맛이 나빠 먹을 수가 없었다.

이곳의 조수는 밀물 때는 동쪽에서 서쪽으로 오고, 썰물 때는 서쪽에서 동쪽으로 간다. 형세가 자못 사납고 급하다. 만약 바람과 조수가 서로 반대로 되면 가던 배가 물에 잡아끌려 한쪽이 기울어진다. 바닷가 근처에서는 느슨해져 힘이 없는데, 비록 그믐과 초하루 사이에 가득 차올라 평평해도 높이가 몇 장에 지나지 않는다. 보길도와 추자도에서 비스듬히 남쪽으로 내려오면 대화탈도(大火脫島)와 소화탈도(小火脫島)가 있다. 그 높이가 수백 장쯤 되고, 돌 뼈를 묶어세운 것처럼 서 있다. 바람과 파도가 밤낮없이 두드려대서 한 점의 흙도 남아 있지 않다. 저녁 해가 바다로 들 때면 황금빛이 넘쳐흘러 바위 면을 부딪쳐 쏘는데, 온통 엷은 빛이 환히 비치면 마치 한 줌의 석탄불을 붙인 것 같다. 화탈(火脫)이라는 이름이 이래서 붙었다.

어떤 사람에게 보낸 편지

앞서 편지에서 말씀드렸지요. 산과 바다의 괴이함은 조화를 살피는 까닭이라고요. 혼돈이 나누어지고 형상이 만들어지는 묘함은 제가 알 바가 아닙니다. 하지만 모든 물건의 끝은 반드시 처음으로 돌아가게 마련입니다.

우리나라의 산은 백두에서 시작되어 한라에서 끝이 납니다. 산이 끝나는 곳에는 기운이 반드시 뭉쳐 있어 처음 시작되는 곳과 비슷합니다. 한라산은 꿈틀대며 솟은 것이 마치 사발을 엎어놓은 것과 같고 누운 소의 모습과 한가지입니다. 꼭대기에 큰 못이 있는 것은 산이 같은 점입니다. 한전(旱田)이 많아 기장을 기르기에 적합한 것은 토양이 같은 점입니다. 소나 말을 들에서 기르고, 개 갖옷을 입어야 능히 추위를 견딜 수 있고, 굶주림을 참는 것은 사람의 같은 점입니다. 처음 펴는 말은 낮고, 말머리를 돌리는 말은 높으며, 끝에 가서 굳세게 드날리는 것은 소리의 같은 점입니다. 풀이 많고 숲이 무성해 말을 달려 사슴을 쏘고, 골짜기와 시내를 드나들며, 아래위 산자락에서 길을 가리지 않고 고삐를 놓아 달리는 것은 습속이 같은 점입니다. 무더운 여름에 그늘진 벼랑에서는 얼음을 자르고, 8월이면 산에 눈이 내리며, 늘 큰 바람이 많아 돌을 날리고 날이 흐린 것은 기후의 같은 점입니다.

중간에 떨어진 거리가 1만 리나 되고, 북극과의 거리 차이가 10여 도나 되니 땅이 가까워 닮은 것이 아니요, 백성이 듣고서 본뜬 것이 아닙니다. 풍기(風氣)는 남북이 완전히 다릅니다. 그런데도 이처럼 서로 비슷한 것은 어찌 백두로부터 구불구불 서려 맺힌 기맥이 변치 않고 끝에 이르러 처음으로 돌아간 것이 아니겠습니까? 그런 까닭에 신라와 백제가 대대로 부용(附庸)으로 삼았고, 고려 때부터는 비로소 군현으로 삼았습니다. 원나라 사람이 비록 잠시 소유했지만 능히 취하지는 못했습니다. 대개 바다에 둘러싸인 한 지역이 동방을 지켜주고 남쪽의 복종을 정해주었기 때문입니다. 조화의 오묘한 이치에 대해서는 알 수가 없습니다.

탐라귤보

耽羅橘譜

이형상의 《탐라순력도》 중 〈귤림풍악도(橘林風樂圖)〉. 아래쪽에 한 해 동안 결실한 감귤의 숫자가 종류별로 자세히 적혀 있다.

서문

우리나라는 과실의 품종이 아주 많은데, 유독 귤만은 탐라에서 생산된다. 하지만 차고 모진 바람을 겁내므로 열매 맺는 것이 많지가 않다. 공물로 바치기에도 늘 부족하다. 그래서 사대부 사이에서는 몹시 진귀하게 여긴다. 그 이름도 이루 다 꼽을 수 없는 것이 있다. 하물며 그 맛이야 말해 무엇 하겠는가? 이에 〈귤보〉[1]를 만들어 상중하 3품으로 구분하고, 그 색깔과 맛을 적어둔다.

임자년(1732, 영조 8) 윤 5월 하한(下澣) 정운경이 탐라의 망경루에서 쓰다.

1_정운경의 〈귤보〉는 모두 세 가지가 전한다. 서강대본 《탐라문견록》 수록분과 단국대본 수록분, 그리고 이재 황윤석의 《이재난고》 권 10 수록분이 그것이다. 서강대본과 《이재난고》본은 내용이 서로 같고, 단국대본은 편차와 설명이 다소 다르다. 단국대본이 서강대본보다 나중에 교정한 것으로 보이므로, 단국대본을 저본으로 번역하되, 차례와 본문이 서강대본과 어떤 차이가 있는지 주석에서 밝혔다. 표제는 서강대본과 단국대본이 모두 〈귤보〉라고만 했고, 황윤석은 〈제주귤보(濟州橘譜)〉라 했다. 전체 책의 표제가 《탐라문견록》이고, 〈귤보〉의 내용이 제주도의 귤에 한정된 것이므로 여기서는 〈탐라귤보〉로 표기한다.

이하 설명과 함께 수록한 귤 그림은 서울대학교 농학도서관에 소장된 일본인이 편찬한 《계원귤보》(상하 2책, 필사본)에 수록된 그림과 설명을 참고하여 가장 가까운 그림을 실었다. 실제 각 귤에 대한 설명은 부록의 글들과 비교해보더라도 들쭉날쭉하고, 각 지역마다 부르는 이름이 같지 않아 꼭 같은 품종으로 대비하기는 어렵다.

상품 5종

유감(乳柑)[2]

10월에 비로소 익는다. 색깔은 옅은 황색에 연두색이다. 감귤에 비하면 조금 크다. 껍질은 연하고 얇다. 맛이 지극히 달고 진하며 맑고 곱다. 입에 넣으면 눈처럼 녹는다. 짙은 향기가 소반에 끼쳐오니 과일 맛 가운데 상품이다.

[2] 서강대본에는 유감이 상품 두 번째에 실려 있다.

대귤(大橘)³

모습이 호리병박과 아주 닮았다. 크기가 아이 주먹만 하다. 색깔은 환하고 짙은 붉은빛이다. 껍질이 단단하고 두껍다. 흰 속살이 많다. 신령스런 과액이 마치 꿀물처럼 짙고 깊으며, 상쾌하고 시원하다. 맑은 향기가 넘쳐나서 입에 넣으면 한 식경이나 간다.

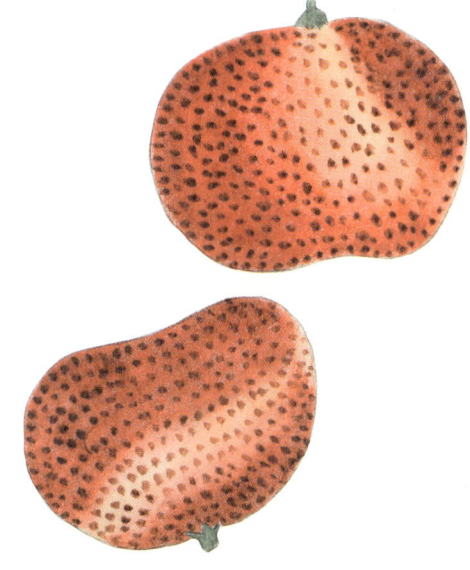

3_ 서강대본에는 대귤이 상품 다섯 번째에 실려 있다. 설명도 다르다. "생김새는 당유자와 비슷한데, 작기가 어린아이 주먹만 하다. 색깔은 환하고 짙은 붉은빛이다. 껍질은 단단하고 두껍다. 신령스런 과액이 꿀물처럼 짙고 깊으며, 상쾌하고 시원하다. 맛의 품질이 당유자에 버금간다고 할 만하다.(狀或似唐柚子. 而小如兒拳. 色赫然深赤, 其殼堅厚, 靈液如蜜漿. 濃深爽洌. 味品可謂唐柚子之次也.)"

동정귤(洞庭橘)[4]

크기가 밤만 하다. 빛깔은 짙은 녹색이다. 맛은 달고도 시원하며, 맑고 곱다. 향기롭고 부드러워 입에 넣으면 상쾌하게 정신이 돌아와 낯빛을 고치게 만든다.

4_ 서강대본에는 동정귤이 상품 네 번째에 실려 있다.

당유자(唐柚子)[5]

12월에 익는다. 빛깔은 짙은 황색이다. 생긴 것은 대귤과 비슷한데 크기는 배나 되어 술그릇만 하다. 껍질을 까서 알맹이를 취한다. 단물이 신령스레 엉긴 것이 뚝뚝 떨어진다. 부드럽고 매끄러우며 맛이 진하고 상쾌하다. 껍질을 벗겨 틀에 넣어 잔을 만든다.

[5] 서강대본에는 당유자가 상품 첫 번째로 실려 있다. 설명도 조금 다르다. "12월에 익는다. 빛깔은 짙은 황색이다. 생김새는 호리병박과 비슷하고, 크기는 술 종지만 하다. 손톱으로 껍질을 까서 과육을 취한다. 단물이 신령스레 엉겨 뚝뚝 떨어진다. 부드럽고 매끄러우며 맛이 진하고 상쾌하다. 옥폐(沃肺), 즉 기관지를 낫게 하는 데 가장 좋다.(季冬爛熟. 色黶黃. 狀類壺瓠, 大如酒種. 以爪破殼取肉. 甘液露凝滴滴. 柔滑濃爽, 最宜沃肺.)"

청귤(青橘)[6]

봄에 열매를 맺고, 겨울 들어 비로소 호추만큼 커진다. 빛깔은 푸르스름한 녹색이다. 껍질이 주름지고 두껍고 기름기가 많으며 씨가 많다. 몹시 시고 떫어 먹을 수가 없다. 이듬해 봄과 여름 사이에 누렇게 되고, 7월에 껍질이 부드러운 황색이 되어 금양(金瀼)처럼 된다. 씨와 같이 녹아 영액(靈液)이 되어 껍질 속에 가득 찬다. 달고 시원하고 곱고 향기로워 맛의 품질이 매우 특이하다. 겨울이 되면서 점차 떨어져 황색은 창양(蒼瀼)으로 물들고, 씨도 조금씩 다시 생긴다. 맛도 도로 매워져서 입을 톡 쏜다. 10월에는 묵은 열매와 새 열매의 구분이 어렵다. 한 꼭지로 2~3년씩 지나도 떨어지지 않는다. 색과 맛이 수시로 변하니 참으로 기이하다 할 만하다. 푸른 열매를 따면 청피(青皮)가 된다.

[6] 서강대본에는 청귤이 하품 세 번째에 실려 있어서 가장 다르다. 설명에도 상당한 차이가 있다. "겨울과 봄 사이에 노란빛이 스민다. 맛은 산귤만 못하다. 그러나 단물과 신맛이 복숭아나 살구에 견줄 정도는 아니다. 꼭지가 단단해서 떨어지지 않는다. 4~5월에 꽃이 피고 열매가 맺으면, 묵은 열매는 노란빛이 스러지고 푸른빛이 물든다. 맛은 점점 시고 매워진다. 겨울이 되면 새 열매와 묵은 열매를 구별하기 어렵다. 한 꼭지에서 여러 해를 지낸다. 색과 맛이 때에 따라 변화하니 몹시 기이하다. 푸른 열매를 따면 청피가 된다.(冬春之交入黃. 味劣於山橘. 然甘液酸津, 非桃杏之比也. 且蒂固不落. 至四五月, 花開結子, 則舊顆退黃染蒼, 味漸辛辣. 入冬新舊難辨. 一蒂過數年. 色味隨時變換, 極可異也. 摘其青顆, 爲青皮.)"

중품 5종

당금귤(唐金橘)[7]

맛은 유감과 아주 비슷하지만, 부드럽고 매끄럽기는 이보다 낫다. 조금 신맛이 있다. 색은 진황색이다. 껍질 무늬가 가늘고 예쁘다. 하나하나가 황금공처럼 동그랗다.

[7] 서강대본에는 당금귤이 상품 세 번째에 실려 있다.

감자(柑子)[8]

10월에 비로소 누렇게 된다. 누런 빛깔에 옅은 색의 무리가 진다. 단물이 넘쳐 맑고 시고 부드럽고 매끄럽다. 입에 아주 잘 맞는다.

8_ 서강대본에는 감자가 중품 첫 번째에 실려 있다.

소귤(小橘)[9]

작은 복숭아보다 조금 크다. 옅은 붉은색으로 단풍이 반쯤 물든 것 같다. 맛은 순수하게 달다. 서리 맞은 진액이 젖처럼 적셔준다. 다만 맑고 고운 맛이 부족하다.

[9] 서강대본에는 소귤이 중품 두 번째에 실려 있다. 본문은 단국대본에는 '비소초차대(比小椒差大)'라 했는데, 서강대본은 '비소도차대(比小桃差大)'로 되어 있어 서강대본을 따른다. 단국대본에는 '색연(色軟)' 뒤에 한 글자가 탈락되어 있으나, 서강대본에는 '색연단(色軟丹)'으로 적혀 있다.

왜귤(倭橘)[10]

생긴 것이 작은 호리병박 같다. 달기가 엿과 같다. 조금 찌꺼기 맛이 있다. 맑은 진액이 있지만 촉촉하고 매끄러운 맛은 적다.

[10]_서강대본에는 왜귤이 중품 세 번째에 실려 있다.

금귤(金橘)

작기가 살구만 하며, 담황색이다. 맑고 시원한 맛이 부족하다. 단물은 목구멍과 혀 사이에서 감칠맛을 낸다.

하품 5종

등자귤(橙子橘)

2월이 되어야 잘 익는다. 생긴 것은 쓴 외 같다. 껍질을 까면 서리 엉긴 이슬이 떨어진다. 입에 넣으면 물이 많다. 다만 단맛이 덜하고 아주 시다. 많이 먹으면 안 된다.

석금귤(石金橘)[11]

맛은 금귤과 비슷하지만, 시고 조금 맵다. 껍질은 부드럽고 매끄러우며 동글동글해서 사랑스럽다.

산귤(山橘)[12]

껍질이 각이 져서 울퉁불퉁하다. 떨어져서 맺는다. 맛은 달고 시어 먹을 만하다. 하지만 떨떠름해 남는 맛이 없다. 약에 넣어 진피(陳皮)라 한다.

11_ 서강대본에는 석금귤이 중품 다섯 번째에 실려 있다. 원문은 단국대본이 '미사금귤(味似金橘)'이라 했고, 서강대본은 '미여금귤상상하(味與金橘相上下)'라 했다.
12_ 서강대본에는 산귤이 하품 두 번째에 실려 있다.

유자(柚子)

향내가 아주 짙다. 맛은 담백하고 시다. 냄새나 맡아야지 먹으면 안 된다. 전라도와 경상도 해변에서 나는 것과 차이가 없다.

지각(枳殼)[13]

크기가 등귤(橙橘)만 하다. 비록 잘 익어도 맛이 시고 매워 입에 써서 사람들이 먹지 않는다. 또 성질이 바람을 무서워해서 달리는 열매가 아주 적다. 약용으로 쓸 뿐이다.

[13] 단국대본은 지실(枳實)이라 했는데, 탱자를 말한다. 서강대본에 따라 이름을 지각(枳殼)으로 고친다. 내용은 큰 차이가 없다. 단국대본이 '미신랄고구(味辛辣苦口), 인불식지(人不食之)'라 했는데, 서강대본은 '미신랄(味辛辣) 자구난식(刺口難食)'이라 했다.

| 부록 |

귤유보(橘柚譜)

임제(林悌, 1549~1587)

유(柚)

영호남의 해안에도 많이 있다. 잎이 두껍고 작다. 열매는 가을에 노랗게 익는데, 껍질이 두껍다.

당유(唐柚)

나무는 유자 같고 꽃이 희다. 이하는 모두 같다. 열매의 모습은 참외와 같은데 조금 작다. 껍질은 울퉁불퉁한 것이 여지(荔枝) 같다. 《화과보(花菓譜)》에 여자귤(荔子橘)이라는 것이 있는데 이것이지 싶다. 《화과보》는 《백천학해(百川學海)》에 나온다.

감(柑)

열매의 껍질이 얇고도 매끄럽다. 유자보다 작다. 색깔은 황색이고, 맛은 달고 시다.

유감(乳柑)

감자(柑子)와 아주 비슷하다. 다만 조금 작고 껍질이 두껍다. 맛은 단맛이 빼어나고 과액이 많다. 색깔은 청황색이다. 다 익으면 온통 파란색이 된다.

대금귤(大金橘)

껍질이 감자 같다. 색깔은 황금색이다. 크기는 유감만 하고, 맛은 유감만 못하다.

소금귤(小金橘)

색과 맛이 한결같이 금귤과 같다. 열매는 몹시 작다.

동정귤(洞庭橘)

금귤과 비슷하다. 색과 맛은 모두 그만 못하다. 소금귤보다 조금 크다.

청귤(青橘)

껍질은 당유와 비슷하지만, 동정귤처럼 작다. 색깔은 청색이고, 맛은 몹시 시다. 겨울을 지나 여름에 접어들면 맛이 달고 과액이 많다.

산귤(山橘)

청귤과 똑같다. 하지만 색깔은 황색이고 씨가 많다. 맛은 시다.

귤유품제(橘柚品題)

조정철(趙貞喆, 1751~1831)

유감(乳柑)

열다섯 금릉 땅의 귤 종류 중에
해맑은 향기가 으뜸이라네.
풍류(風流)는 우리 것이 절로 대단해
애오라지 수레 가득 던져진다지.
十五金陵種, 淸香最上頭.
風流吾自大, 聊被滿車投.

크기는 호남과 영남 사이에서 나는 이른 홍시만 하다. 녹색인데 윤기가 흐른다. 잘 익으면 꽃 떨어진 곳이 주황색이 된다. 껍질이 아주 얇다. 씨는 아주 작고 적어서 한 알에 4~5개밖에 안 된다. 수분이 많아 맛이 달고 차며 향기롭다. 향기로운 냄새가 입에 가득하나 약간 신맛이 있다. 맑고 상쾌하기 이를 데 없다. 한 알을 책상맡에 놓아두면 방 안 가득 향기가 퍼진다. 8월부터 운반하여 공납하기 시작한다.

별귤(別橘)

좋은 나무 남국에서 자라나는데
고운 마음 죽어도 옮기질 않네.
그 누가 이 뜻을 알아주어서
공물로 포장해서 대궐 올릴까?
嘉樹生南國, 芳心死不移.
有誰知此意, 包貢上丹墀.

크기는 큰 계란만 하다. 색은 담황색으로 귤에 윤기가 난다. 위는 넓고 아래는 홀쭉하여 마치 호리병을 거꾸로 매달아놓은 것 같아 육지의 호리병과 똑같다. 그래서 일명 '병귤'이라고도 한다. 껍질이 얇고 씨가 작다. 진기한 향기는 유귤과 같다. 다만 맛은 온통 달기만 해서 맑고 시원한 맛은 유귤만 못한 듯하다. 그래도 우열을 가리기가 어렵다. 나무가 나온 것이 30년 안짝이라 섬에는 단지 3~4그루가 있을 뿐이다. 때문에 진공(進貢)하지는 않는다 한다.

대귤(大橘)

연경(燕京)에서 진즉에 낯익었는데
해국(海國)에서 또다시 이름 알았네.
다정한 이 번번이 보내어주니

시정(詩情)도 배나 더 맑은 듯해라.

燕都曾識面, 海國又知名.

每被多情至, 詩腸倍覺淸.

내가 예전에 연경에 갔을 때 황제께서 5일에 하사한 과일 가운데 이 귤이 있었다. 먹기는 했지만 그 이름은 듣지 못했다. 탐라에 귀양을 오게 되어서야 비로소 알았다. 하지만 몹시 귀하기 때문에 아무도 주는 사람이 없었다. 오직 다정한 사람이 따로 대여섯 개를 구해 해마다 나누어 보내주었기 때문에 시에서 말한 것이다.

크기가 유자만 하다. 색이 노랗고 껍질은 두꺼우면서 주름이 잡혀, 제멋대로 몹시 기이하게 생겼다. 수분이 아주 많고, 씨는 몹시 적다. 맛은 아주 달고 조금 시다. 맑고 상쾌하며 향기롭고 시원하기가 말할 수 없다. 귤 가운데 성자(聖者)라 할 만하다. 탐라에는 예전에 이 품종의 귤이 없었다. 숙종조에 연경에 사신으로 갔다가 가져온 것을 섬으로 들여보내 씨를 심었다고 한다.

당금귤(唐金橘)

흰 꽃이 원래부터 아리따운데
곧은 바탕 더더욱 그윽하여라.
한번 보면 마음이 어리 취한 듯
외론 맘 번번이 넉넉해지지.

素英元窈窕, 貞質更幽閑.
一見心如醉, 孤懷每自寬.

크기는 유감만 하다. 색은 황금빛이다. 아주 윤기가 나고 아름다워 사랑스럽다. 껍질은 아주 얇아서 조금만 건드려도 문득 까진다. 씨가 아주 작고 또 적다. 맛은 유감과 같은데 우열을 가리기 어렵다. 비유하자면 유한(幽閑)하면서도 곧고 고요한 자태가 있는 여사(女士) 같다.

동정귤(洞庭橘)

세 치 크기 열매가 매달렸는데
여태도 동정귤(洞庭橘)의 이름 달았네.
어쩜 이리 요대(瑤臺)의 고운 선녀가
은근한 달빛 아래 맞이함 같나.
離離三寸實, 猶帶洞庭名.
何似瑤臺女, 慇懃月下迎.

크기는 당금귤과 같다. 색은 담황색인데 약간 푸른빛이 있다. 껍질이 얇고 씨가 작아 당금귤과 같다. 다만 신맛이 단맛보다 많다. 향기는 당금귤만 못하다. 하지만 절대가인이요 경국지색(傾國之色)과 한가지다.

소귤(小橘)

진귀한 향기는 한가지라도
크기와 맛은 모두 들쭉날쭉해.
어여뻐라, 바람 서리 맞은 뒤에도
일편단심 죽음으로 기약함일세.
珍香名一體, 大小味參差.
最愛風霜後, 丹心死以期.

크기가 오리 알만 하다. 색은 자금(紫金)빛이다. 풍상을 겪고 한겨울이 되면 점차 주사(朱砂)처럼 붉어진다. 껍질은 두껍지도 얇지도 않고, 알맹이와 떨어져 있다. 맛은 달다. 수분은 많지 않고, 향기도 진하지 않다. 하지만 유감과 별귤, 대귤과 소귤, 당금귤과 동정귤 등 여섯 가지 귤은 모두 진귀한 과일이라 말할 만하다.

당유자(唐柚子)

하해 같은 큰 뜻을 하마 품었고
바람 서리 찬 날씨를 여러 번 겪어.
고래 타고 올라간 이백(李白)과 같아
시단(詩壇)의 기상이 호연도 하다.
已包河海志, 屢閱風霜天.

正似騎鯨客, 詩壇氣浩然.

크기가 아주 크다. 큰 것은 한 되 남짓 담을 수 있다. 색은 짙은 황색이다. 껍질이 몹시 두껍고 주름이 져 있다. 향기는 비록 많지만 여섯 종의 진귀한 과일의 향기와는 다르다. 대개 진귀한 과일의 향은 마치 난초나 사향의 냄새 같고, 미인의 자태 같아 사랑스러워 차마 놓을 수가 없다. 게다가 그 아리땁고 빼어난 모습은 말로 형용하기가 어렵다. 당유자는 유자나 감자와는 비록 많고 적은 차이는 있지만 똑같이 한 모양이니, 흡사 남자의 모습이어서 아리땁거나 어여쁜 느낌이 전혀 들지 않는다. 신 기운이 너무 강하기 때문이다. 맛은 시지만 아주 달다. 조금 먹다 그만두면 살짝 매운 맛이 있다. 수분은 아주 많고, 맑고 시원해서 몹시 상쾌하다. 씨는 크고 갸름하게 길다. 한 알에 혹 15~16개까지 들어 있다. 비유하자면 호걸스런 인사와 시주(詩酒)의 나그네라 하겠다. 바람과 서리가 치는 계절을 지나 정월이 되면 껍질이 점차 떠서 두꺼워지고 맛은 더욱 상쾌해진다. 또 2~3월이 되면 더욱 맛있다. 다만 딴 뒤에 바람을 맞으면 맛이 아주 맵다. 서울 사람들은 제대로 된 맛을 알지 못한다. 술 마신 뒤에 갈증이 날 때 한두 알 먹으면 통쾌함이 이루 말할 수가 없다. 땅을 몇 자 깊이로 파고 댓잎을 많이 깐 뒤에 보관하면 5~6월 무더위 때까지 상하지 않는다. 대두(大豆)나 소두(小豆) 부대 가운데 넣어두어도 괜찮다.

감자(柑子)

세 치의 황금 탄환 크기도 한데
경액(瓊液)인가 몹시도 향기롭구나.
여태도 생각나네 영종(英宗)께옵서
은혜로이 대궐에서 나눠주신 일.
金丸三寸大, 瓊液十分香.
尙記英宗世, 恩頒出建章.

큰 것은 오리 알보다 크고, 작은 것은 계란만 하다. 색은 짙은 황색이고 껍질이 얇다. 씨는 한 알에 16~17개나 된다. 맛은 달고 신 것이 서로 어울린다. 맑고 시원하여 상쾌한 것이 귤의 제맛이다. 감자가 운반되어 서울에 도착한 날이면 매번 여러 가까운 신하의 집에 나누어 하사하셨다.

금귤(金橘)

바람 서리 매운 줄 진작 알아서
금귤이 귤유(橘柚) 중에 먼저 익누나.
천 년 전 굴원이 부(賦)를 지을 때
쫓겨나는 자리에서 눈물 떨군 듯.
素識風霜重, 黃能橘柚先.

千秋屈子賦, 淚落逐臣筵.

크기는 당금귤에 비해 조금 작다. 색깔은 황색이고 껍질이 얇다. 맛은 소귤과 비슷하지만 크기가 그만 못하다. 씨는 조금 많다. 시지 않기 때문에 흔하다. 수분이 몹시 적어 비록 온종일 먹게 해도 물리지 않는다. 이 과일은 9월 10일에서 15일이면 벌써 노랗게 익는다. 귤 종류 가운데 가장 먼저 익는다. 만약 따지 않으면 떨어지지 않는다. 이듬해 봄이나 여름이 되면 씨가 없어진다. 색깔이 파랗고, 시면서도 수분이 없어 입에 댈 수가 없다. 가을이 된 뒤에야 새 열매와 함께 익는다.

유자(柚子)

나무 가득 동글동글 알맹이들이
찬 향기로 늦가을을 뒤쫓아 가네.
이걸 싸서 능히 일찍 운송하노니
간데없이 중국의 양주(揚州)로구나.
滿樹團團顆, 寒香趂晚秋.
厥包能早運, 宛是夏揚州.

영남과 호남 사이에서 나는 것과 같다. 9월에 진공한다.

산귤(山橘)

나무마다 영롱한 열매가 달려
집집마다 가을이 난만하구나.
서로 봐도 도무지 물리질 않네.
술잔에 그윽한 향기 떠오니.
樹樹玲瓏實, 家家瀾漫秋.
相看仍不厭, 樽酒暗香浮.

크기는 감자나 당금귤만 하다. 껍질은 두껍지도 얇지도 않다. 젖꼭지 같은 뿔이 많은 것이 있고, 뿔이 없는 것도 있어 생김새가 일정치 않다. 뿔이 많은 것이 맛이 좋다. 껍질을 취해 말리면 진피가 된다. 맛 또한 아주 신 것과 아주 단 것, 수분이 많은 것과 수분이 적은 것이 있어 일정치 않다. 씨는 아주 많아서 한 알에 30여 개씩 되기도 한다. 이 귤은 아주 많아서 진공하는 여러 진과(珍果)가 열매가 안 달려서 원래의 숫자를 채우지 못하면 이것으로 대신 바친다.

청귤(靑橘)

태묘(太廟)에서 봄 제사 때 열매 바치고
의사(醫司)에선 해마다 청피(靑皮) 공납해.
높은 공이 산귤(山橘)과 나란하거니

어디선들 마땅치 않음 있으랴.
太廟春薦實, 醫司年貢皮.
奇功山橘倂, 何處不相宜.

크기가 산귤과 같다. 색은 푸르고 맛은 온통 시다. 3~4월에 완전히 익어야 먹을 수 있다. 그 껍질을 취해 말려 청피를 만든다.

지귤(枳橘)

약용으로 쓰는 줄만 알 뿐이어서
귤유(橘柚)와 나란함을 어찌 알겠나.
동정호라 3월이 지난 뒤에는
경장(瓊漿)인가 해맑은 맛을 띤다네.
但識刀圭用, 焉知橘柚幷.
洞庭三月後, 味帶瓊漿淸.

크기는 당유자에 버금간다. 모양도 같다. 하지만 껍질은 주름이 그다지 심하지 않다. 이듬해 2~3월이 되면 잘 익는데, 맛이 당유자보다 나아 아주 좋다. 다만 관부(官府)와 섬사람들은 8월에 따서 말려 지각(枳殼)을 만든다. 혹 의사(醫司)에 진공하거나 약용으로 팔기도 한다. 그래서 귤유로 일컬어지지 않고, 다만 지각, 즉 탱자라고 부른다. 사람들이 그 맛을 알지 못하는 것이 몹시 애석하다. 그래서 귤유로 열거하여 훗날 그 맛을 아는 자를 기다린다.

등자귤(橙子橘)

각박한 인정과 비슷도 하고
시디신 세상맛과 같기도 하다.
약용으로 오히려 쓸모가 있어
비 이슬에 거리낌 전혀 없어라.
政似人情薄, 還同世味酸.
刀圭猶有用, 雨露自無慳.

크기는 산귤과 같다. 색깔이 푸르며, 잘 익으면 붉은 점이 들어가 박히기도 한다. 맛은 몹시 시고, 수분이 많다. 껍질을 말려서 진피를 만든다.

석금귤(石金橘)

주렁주렁 바위 위 나무에 달려
황금 탄환 예쁘게 누가 빚었나.
하많은 동정의 품종 중에서
맨 꼴찌를 차지함이 마땅하리라.
離離石上樹, 誰鑄金丸工.

多少洞庭品, 爾宜居下風.

큰 것은 작은 금귤만 하고, 작은 것은 밤톨만 하다. 껍질은 얇고 씨는 크고 많다. 한 알에 30여 개씩 들어 있다. 맛은 금귤과 대동소이한데, 수분은 도리어 적다.

추사 감귤론(秋史 柑橘論)

김정희(金正喜, 1786~1856)

동정귤·당금귤·소귤·금귤 등 네 종류가 상품이다. 별귤은 품종이 가장 기이하고 종자가 가장 드물어 공납에 충당할 수가 없다. 산귤은 가장 많고 가장 질이 낮다. 청귤과 석금귤은 모두 맛이 좋지 않다. 대귤은 아직 보지 못했다. 감자와 등자는 모두 중국이나 일본 산만 못하다. 유감은 조금 시원하지만 또한 시다. 당유자는 농익어 봄을 지낸 것은 아주 달고 시원하다. 감자는 향기가 없다. 지각은 청귤과 함께 약에 넣는다.

동정귤은 고씨 집 사원(私園)에 딱 두 그루 있고, 관원(官園)에 한 그루가 있다. 당금귤은 관원에 겨우 한 그루가 있다.

-《완당전집》권 8, 〈잡지(雜識)〉

탐라직방설(耽羅職方設) 중 감귤론

이강회(李綱會, 1789~?)

귤유는 당귤(唐橘)·상귤(霜橘)·금귤·동정귤시어서 먹을 수가 없다.·산귤진피로 만든다.·청귤청피로 만든다.·지각 등 여러 종류가 있다. 과원(果園)을 44곳을 두고 과원지기를 둔다. 세 집마다 여러 귤을 심게 하여 나라의 공납에 충당한다.

삼가 살피건대,《대전통편(大典通編)》〈공전(工典)·재식(栽植)〉조에는 이렇게 적고 있다.

"제주의 3읍에서는 감귤과 지목(枳木)을 매년 비자나무나 옻나무, 산유자, 이년목과 접붙인다. 곁을 정돈해서 가까운 사람이 이를 지킨다. 해마다 숫자를 헤아려 보고하여 올린다."

또 말했다.

"제주 등 3읍에는 과목이 희귀하다. 거주민으로 하여금 심고 기르게 하되, 부지런하고 태만함을 살펴 상벌을 내려 권면하고 징계한다. 감자와 당감자(唐柑子) 각 8그루, 유감 20그루, 동정귤 10그루를 심은 자는 세금을 면제한다. 당감자와 당유자 각 5그루, 유감과 동정귤 각 15그루씩 심은 자에게는 면포 30필을 준다."

원문

耽羅聞見錄序

　　鄭斯文道常, 隨其家大人耽羅任所也, 纂一冊子, 名曰耽羅聞見錄. 上篇敍山川謠俗, 中篇記循海勝遊, 下篇錄島人漂至他國, 大槪奇觀異聞. 其所謂橘譜, 別爲附錄者也. 夫耽羅在國極南數千里海中. 自此至京師者, 必涉滄溟下大陸, 梯航始達. 山川風土, 卽一異域, 如中國之儋耳珠崖是也. 三乙那古蹟, 固芒昧無可考徵, 而厥後朝貢新羅, 羈縻高麗, 又割屬於胡元爲牧場者, 沿革廢置大略, 可見於東史輿誌諸書矣. 我朝始建一州二縣, 荒服之外, 而無間內地. 黎苗之頑, 而同被文敎, 盡入於職方氏之籍矣. 然迄今數百餘年, 亦未有博雅之士, 採掇編輯, 作爲一成書, 如常璩之志華陽者. 而如近世太湖李公所撰耽羅志, 亦多有疎漏之歎. 今道常硏精思役佔畢, 其書簡而要, 略而詳. 如所謂小乘南槎風土錄等諸書, 包括於其中. 至如外國事實, 得於漂人親履其地, 目擊其事者之所傳, 其所取信, 亦豈端臨之通考, 利瑪之外紀, 一出於風聞傳疑者比哉. 然則道常之此書, 足爲耽羅之一掌故無疑. 如有誌輿圖者, 取此而採之, 以補李公之闕遺, 則始可爲耽羅之成書, 更無遺欠也. 余蒙恩北遷, 行過耽羅, 得道常此書, 讀而喜之. 遂書此爲之序云爾.
　　上之八年壬子秋夕前十二日, 延安李萬維書于濟城山底村旅舍.

耽羅聞見錄

潘南朴趾源美齋 輯
海州鄭運經道常 著

| 第1話 |

　　丁卯九月初三日, 朝天館新邨居民高尙英, 年十七, 將往海南大芚寺, 學文于居僧, 乘進上船. 夕時行近楸子島二里許, 忽大風自西北起, 雨如注下. 船蕩漾不定, 幾覆者數矣. 急斫倒梔竿, 於是船往如飛, 須臾出大洋. 雲垂如墨, 波立如山. 凡卜物盡棄洋中. 不分晝夜, 行十二日, 風勢小殘. 而船中甘水已盡, 惟啖生穀療飢而已. 忽有鳥狀如燕, 來集船檣. 以一撮米散置, 則啄食之. 人又近之而不避. 一船之人, 以爲天所遣護我輩生活, 皆膜拜求生. 於是撤船梁, 立爲梔竿, 掛臥席, 整頓柁楫. 其鳥在船凡三日, 飛向東北而去. 又東北風大作, 船不得制, 隨風所之. 又行十七日, 遙見雲霧中有島, 渺如一拳. 漸近而忽見宛然一大島, 而水底石角巉嵓, 不得泊船. 躊躇之間, 見一船自島後櫓來. 船上約有七八人. 聲音服色, 頗詭異. 駐船數十步地, 以手加額, 仔細望察, 回船却走. 於是我人相議曰: "此必琉球國也. 若直說在濟州, 則死不免矣. 莫若以全羅道興德縣居民自稱, 以求生也." 約才定, 見二十五隻小船, 如飛而來. 四面截住, 劍戟森列. 一船之人, 皆惶惻, 欲走無路. 語且不通. 但以手爲酌水飮之之狀. 彼人解其意, 使小船, 傳給一瓶水. 我船中三人, 在船頭盡飮之. 皆如酒醉昏倒, 不省人事. 盖饑腸飮水太多故也. 餘人盡不得飮. 又示欲飮之狀, 卽汲水以送. 時金太黃, 以進上色吏在船中, 急止之曰: "前三人累日飢腸, 飮冷水太多, 故有此醉傷之患. 若煎而小飮, 則必不傷矣." 從之果如其言, 而稍覺精神淸爽. 於是太黃以書問曰: "此地何邦, 貴國何號耶?" 授汲水人傳示, 則亦以書答曰: "此地號爲安南國也. 爾等在何方而緣何到此?" 我人亦以相約之言爲答. 因懇乞救濟. 安南人數三來上我船,

遍觀什物動止, 遂使以纜繫安南船而行. 未及泊岸, 南風大作, 船皆退行. 安南急放纜, 刺船上岸, 以旗揮而招我人. 我船體大水淺, 不數里, 船板着沙不得行. 大風怒號, 船中什物, 顛倒飛揚, 左右杉板破裂, 政在危急之時. 安南人跳下船來, 或携我負我, 涉淺流而出. 董董上岸, 回顧我船, 則已片片毁裂. 回還之念益絶, 人皆飮泣矣. 安南人結方陣, 隊伍整肅, 無喧譁之聲. 坐我於陣前, 以書慰勞備至. 已而邨落居人, 各持飯粥酒肉而來饗. 又以柿葉茶啜之. 我人恐致傷, 不敢放心飽食. 但飮粥與茶而止. 日暮時, 分載我人於彼船, 循江而入. 可十里許, 臨岸屋室壯麗, 卽其國所謂會安郡明德府衙者也. 一官員披黑色衫, 頂驄帽子, 坐交椅上. 左右侍者, 服色大都如此. 招我人於庭下, 書問所在地方及漂到之狀. 又書示曰: "我國太子, 曾爲朝鮮人所殺, 亦當殺爾等, 以報太子之讐." 我人等遞觀其辭, 皆匍匐放聲號哭. 一婦人衣錦衣, 揚珮自內而出. 擧止端雅, 異香馥馥襲人. 亦書示曰: "爾等勿哭. 我國本無殺害人命之事. 爾等放心. 欲留則留, 欲還則還. 從爾等所願." 使侍人扶起拭淚, 各以一鍾饋勸飮. 啜罷, 又使軍卒分載我人於三船, 送一島. 有屋數十楹, 把守軍僅五六名. 不禁其出入. 惟觀動止而已. 左右邨家櫛比, 成一鄕聚矣. 在此二日, 無送食者. 又言語不通, 不得問其緣. 故我人相議曰: "彼雖不刀劒殺我, 置之于此者, 必欲自致于餓死也. 試使數人往邨中乞食, 如禁止使不得去, 則是使之餓死決矣." 於是 使年少二人出焉, 先去川邊, 洗面振衣. 把守軍卒惟觀之而已. 遂抵邨家, 指口鼓腹, 有兩人延接而入家內, 坐之交椅上, 先以茶酒勸飮, 因進一卓飯饌, 物精備豊潔. 食罷, 擺出大米三斗, 銅錢六十文, 芒魚白蝦葭魚等, 醯三缸, 華席六張, 畵瓷碗十二, 置我人之前. 我二人不得措一辭, 惟合掌點頭爲致謝之狀. 其鄰里男女老少, 相聚縱觀, 歡笑喧譁, 竟莫解其一語也. 亦各送三文錢, 可三百餘文. 遂負携而歸. 言所得之由, 我人等皆喜. 把守卒亦來觀之, 爭持釜鼎來給. 是夕始炊飯食之. 此後則日往邨舍, 乞米, 米至三四石, 錢四五百. 如此十餘日, 子官移置會安之地. 又不給粮饌, 故如前四往乞丐, 其所延接給賜, 比前處一樣. 盖其國俗然也. 自此遍歷一邑, 無遠不往. 貫穿其場市店肆, 其風俗言語, 略得解曉. 其地沃壤多水田. 其民三男五女, 節侯常暖, 恒著單衫廣袖, 不着袴. 惟以尺帛遮前後. 被髮跣足, 而男賤女貴. 一歲五蠶三稻, 衣食自饒, 無凍飢之患. 其勝處則必有樓閣. 制度華侈. 其木則丹木烏木白檀, 其菓菜則龍眼荔支桂椒薑芋蔗茸檳榔棕櫚芭蕉之類, 不能殫記也. 其牛恒在水中, 如有耕作駄載之事, 人往水邊呼之, 則起而隨往. 如非其主, 擧首而望, 還臥不起. 其角每歲一謝, 埋於沙洲. 人若盡取, 則必移埋他處. 是爲黑角. 獼猴大如貓. 其毛灰色, 解人意, 便於使令. 家家以鐵鎖繫頸畜之. 象則牙長一丈餘, 身如巨屋. 人欲刷之者, 必梯而登其背. 其毛蒼白色而短. 鼻長十餘尺, 用之如人之用手. 善食芭蕉, 能作天鵝聲. 凡軍兵操練時, 列爲隊伍. 人敎之作聲, 則其響振天. 鼻低則聲淹, 鼻擧則聲揚. 官無給料之事. 但狀穫時, 牧子驅至田邊, 乞五六束稻, 掛象耳而去. 如不給則使其庇, 亂擲稻束, 遍田野而後已. 人莫敢呵禁, 其國法然也. 孔雀則比野鶴甚大, 渾身翎毛, 五采斑爛. 雄則頂有數枝翎, 長數尺. 末端有錦文如錢. 盖以其羽毛織成羽緞也. 當初過飮冷水者三人, 因病相繼而死. 埋于會安山下, 削木爲標. 而漂泊餘生, 一存一亡, 傷痛之情, 不減親戚. 一日自其國招我等五人, 凡六日到其都城. 閭閻櫛比, 宮闕崔巍. 國王坐殿上, 左右侍者, 劍珮肅森. 招入殿庭, 書問漂到形止, 各賜酒食與米一石錢三百. 罷歸會安. 此後歲換春盡, 火又流矣. 而自官更無諱問之事. 我人相議, 我等歸期杳然, 莫如就其國, 懇乞回還, 以決去就宜矣. 於是皆進其國都, 値國王之練兵, 不浔入陣中. 見一邊江流, 守者頗稀. 我人立水泣訴, 則王哀之, 如前賜米錢, 還送會安. 又遣其國相, 以好言慰之, 欲分載中國商船, 傳送日本. 盖中國商賈, 來此地貿貨, 轉販日本者多矣. 我人等泣曰: "若分載, 則船行有先後, 且不無一安一危之慮. 我等願共載, 死生共之. 何忍分離乎." 時中國商人朱漢源, 船戶陳乾, 柁工高全等來曰: "俺一船中, 當俱載爾們, 好好廻去, 爾們以何物贈我乎?" 我等皆喜, 約以每人以大米三十石, 償其恩. 遂證以文券. 其國相備述此由, 報其王. 則自國以百兩錢償之. 且給報我國表諮一度, 使之受回杏而來, 則當厚償云云. 於是整齊舟楫, 載我人等二十一名, 將發會安府. 賜米一石, 及邨人相與往來者, 爭送米錢與雜物, 厥數不貲. 戊辰八月初七日, 擧帆向北, 而行凡九日, 到廣東省, 留三日, 沿海至福建省, 留二十日. 又沿海至永福, 留月餘. 又到浙江省, 留若干日. 到湖州府, 留多日貿販. 又至金華府寧波府, 至普陀山, 留七日. 凡五閱月. 再整船具, 十二月十三日, 遇西南風, 向濟州發船, 行三日, 泊大靜縣硯川.

安南國明德侯上我國文附

安南國明德侯吳某爲奉令調載回籍事. 據丁卯年十月間, 有漂風小船一隻, 到安南國, 計二十四人. 詢稱朝鮮緣出海貿易, 不意風波大作, 破船失貨物等語. 查係貴國商民, 俯憐同體, 荷蒙本國王體好生之德, 施格外之恩, 安揷會安地方, 以給錢米. 不意業已病故三人, 現存二十一人. 俟南風, 調載送歸. 但各船歸帆, 俱屬廣東福建等處, 卽有往日本洋船, 派送回國, 奈海洋遼闊, 前後不霱, 難期必至. 恐漂人等, 終不遂回籍之願也. 劃計不全, 籌度再三. 茲有大淸寧波府商船, 於本年三月間, 載貨來至安南. 生理原在招添客貨貿易之船. 今爲漂人等二十一人, 懇乞求回本貫甚切. 幸船主陳有履, 財副主朱漢源等, 憐憫衆苦, 流落他鄕, 慨發義擧, 特將本船客商等, 辭送別船, 抛棄生理. 允將本船載至朝鮮, 送回本籍, 以使漂人等, 遂願等語, 前來合行咨啓, 爲此欽奉安南國王令准寧波府商船, 任聽商船貨主等料理, 送歸本籍. 今船主陳有履等, 捐資整理船隻, 幷請識路, 夥長舵工及招集駕船人等, 一應料理外, 本國協助糧蔬食物, 以資難人等日食備用. 船主等率領于本月二十二日, 揚帆開駕. 但恐關津條例森嚴, 准此備文移送朝鮮, 貴國希查實驗明, 敢望回文. 卽交船主收集候帶本國, 以慰懸念也. 祈將本船整理, 俾其速早以回太淸. 不勝幸幸, 須至文者.

正和玖秊柒月貳拾貳日.

| 第2話 |

　　己酉八月十八日, 新邨人尹道成, 以商販發船向陸, 同船凡三十人. 董過火脫-島名, 日勢已暮. 東北風和雨大作, 夜黑如漆, 不辨方所而往. 翌朝回顧, 則秋子珍島, 已在東矣. 午間有一島, 隱隱當前, 艱辛回柁, 昏後抵島. 而不知船泊處, 下碇海中, 眺望則水邊漁火數三, 把羅列, 遙呼救人, 而竟無答之者. 已而碇索不勝風力中斷, 船又向西. 人皆大恐. 翌朝見東南, 有島雲霧之中, 似是漢拏, 而風逆不得向島. 翌日風勢尤惡, 桅竿及柁尾皆折. 惟隨風飄蕩, 晝夜在洋中. 五六日甘水已盡, 煮海水, 取其凝露, 僅僅沃喉而已. 九月初八日, 有大舡二隻. 張帆掠我船而過. 我人等齊呼救命, 而略不省答. 見其服色, 則唐船也. 初十日有鳥色靑狀如鵲, 坐船樑, 移時飛去. 夕時西方微有山形. 翌日其山宛然當船. 風勢又順, 惟向山而行. 十二日丑時, 量船已抵岸. 而波濤洶湧, 且無船梯, 人皆躍下沙渚. 時月已平西, 曉潮方生, 未知高皐可以避潮處, 輩行數里, 忽見橘皮一個, 落在沙中. 皆以爲此必人所行住處, 遂環坐待曉. 平明東見十里許, 帆檣簇立. 西則葭葦, 一望無際. 於是相議曰: "此處必異域也. 而有帆檣處, 不可往也. 行船之人, 人心例多難測. 若疑我輩之挾寶貨, 則見害易矣. 莫如向西, 覓邨家耳." 於是行蘆葦中, 數里得一細路, 沿路而行, 朝晡時見一人坐車上, 駕以犀牛, 牛大兼常牛三倍. 角長四五尺, 而色如漆. 車中以布傘蔽陽, 我人等皆當車拜伏, 而言語不通. 惟指口扣腹, 爲求食之狀. 其人自腰間, 解布袋出銅錢, 人給十數箇. 因擧手南指, 我人等乃南向而行. 不十里有邨家. 於是入邨中, 一邨男女, 聚觀喧譁. 而聲音喁唽, 莫解一語也. 尹道成以木梢畫地書字曰: "是何邦何地?" 有一人就而觀之. 亦畫地曰: "大淸國臺灣府連界彰化縣大突頭杜番通事館也. 爾等是何國人物, 緣何到此?" 尹道成又書答曰: "我等乃朝鮮國人. 因公事渡海, 遭惡風漂到, 而飢餒已甚. 願以粥飮相分." 其人曰: "此非餽待之所, 他處自有救爾之人矣." 俄有一人携手往一處, 有家舍如公廨, 鋪席坐之. 各啜粥少許. 已而一人持筆墨來前, 問曰: "我吳芳也. 凡我所問之言, 當詳愼對之. 將報于本縣大老爺耳." 於是列書我人等姓名及漂

到日字, 以給之. 翌日日哺, 有騎馬者, 持車三兩來. 分載我人等, 向縣路而行. 左右從兵, 皆持竹弓桑矢, 皆穿兩耳, 懸鹿角環, 以鐵環匝兩腕, 惟長衣垂膝, 無裋袴之屬. 行數十里, 見一官員乘輿而來. 燈燭前導, 使我人等參拜. 因分我人二十五名, 直送縣中. 率尹道成等五人, 往船泊所, 審察形止. 其明日率往縣中, 並先行二十五人, 同住一處, 自官給糧. 數日後, 官員一人來館, 所搜點船中行裝. 見馬牌, 怪而問之, 盖旌義縣監到任之後, 上司馬牌, 在船中矣. 因曰: "爾何爲而持此馬牌者?" 答曰: "有官事故, 持之耳." 又曰: "馬牌中何以用天啓季號." 答曰: "其時所鑄耳." 其官員疑之, 終不釋然而去. 其後七日, 自官定人率行, 至臺灣府, 住接于上帝廟. 一日稱進士者來見, 書問曰: "爾國之法, 同姓不許婚媾然否?" 曰: "諾." 又書曰: "婦人改嫁乎?" 曰: "否. 無此等俗也." 曰: "孀婦無子, 則何以依賴生活?" 曰: "雖了了無所歸者, 依居親戚及鄰里, 而無改嫁之事." 進士曰: "吁! 朝鮮乃禮義之邦. 不意美俗之若是也." 旣府尹以公服坐衙, 衛卒具甲冑, 吶喊三聲, 招我人等, 官員書示曰: "爾等亦天朝之民也. 今盛陳威儀者, 國法然也. 勿怖." 因設宴餉之, 還送上帝廟. 翌日製送三十人衣服衾裯, 而但歸期杳然. 於是以求還之意, 書呈府中, 題曰: "以完固哨船一隻, 將送汝于中國. 水手路費, 今方準備耳." 十一月十三日, 發船, 問於梢工曰: "此去幾里, 抵中國何地?" 曰: "自此抵廈門五千里大洋. 洋中多水賊. 故必五六十隻船, 同發然後可濟, 危哉危哉." 大抵臺灣之地, 氣候極暖, 雖仲冬, 人著單衣. 然夏月不加熱. 四五月種稻, 至秋收穫, 名曰秋米. 九十月又爲播種, 經冬長養, 至三四月收穫, 名曰季米. 鼉則無之. 而有木綿而已. 蔗艸極多. 莖葉如穗. 其長或數丈. 根生無實, 人刈取作束, 又爲大輾車磨, 軋取汁, 以釜煎熬, 如鹽之凝成. 其蔗莖白者爲雪糖砂糖, 赤者爲黑糖. 胡椒則始生三歲結實. 處處有之, 極賤. 而微有霜氣立死, 故此處之外浙福等地, 皆無之. 羊馬驢, 皆非土産, 甚稀貴. 犀牛極多. 而四時沈身于水. 或有耕作駄載之事, 出水服役. 而人以瓶水灑其身, 少止則畏暑喘不堪也. 差官賴信言, 臺灣南海中一大島也. 幅圓千餘里, 至于近世, 猶守大明制度. 康熙乙亥季間, 大發福建兵來攻, 降之. 至今干戈之餘, 民之産業未復云耳. 待風七八日, 放船出洋. 行三日, 又遭猛風, 梔柁皆折, 隨風漂流. 方危急時, 水手等向船中小佛, 叩頭祈祝. 其俗家家供佛, 而至於船中亦然也. 又三日, 漂到一處, 下陸問之, 則漳州地界. 問福建程道, 一千七百里云. 歷興化府惠安顯泉, 至朴昌縣. 縣距福建七十里. 路中有一江, 石橋橫跨, 長幾十里. 虹門之下, 大船張帆, 而不礙橋上. 左右閭舍連絡, 市廛雜沓, 可知其橋之壯麗也. 行到福建城內, 知縣來點人數. 因問朝鮮人所嗜食物, 於率來差官, 精備餽食, 愛呬懇至. 因留住福建. 至庚戌元朝, 我人等備香燭, 上觀音寺祈禱. 寺南有石橋塔, 周可數畝地, 高可百尺. 而塔內層層作樓, 梯塔相接, 人自塔內, 登登可以至顚. 初二日福建都督, 使人招之. 入其門, 懸板有曰都督布政司衙門. 因過七重門, 本府知縣, 使之叩頭. 擧首而見, 都督頎然丈夫. 踞坐畫牀, 使知縣書問曰: "爾國亦有科制仕宦之規乎?" 答曰: "比之大國一體, 有此規矣." 又曰: "爾們漂流後, 爾之父母妻子, 必以爲死矣." 於是我人等涕泣懇乞速歸. 都督又曰: "如爾等流離遠人, 正月望前, 不利於行. 望後登程可也." 遂謝而出. 翌日都督送酒七石, 猪七羊一, 因以銀三百兩爲路費, 資定差官. 十七八日間, 以船路作行. 過延平府建寧府, 入會稽地界. 山勢險阻, 道路崎嶇, 過嘉興松江太倉, 至蘇州, 下陸作行. 三月二十八日至北京. 接入玉河館. 通事來曰: "以馬牌事, 禮部將於爾等捧招. 爾等愼之. 若言語與臺灣文報, 有差錯, 必查問于臺灣, 事將紛挐耳." 已而禮部甚盤詰, 而辭語幸無錯誤. 侍郎者又問曰: "卽今爾國用何季號?" 對曰: "用雍正季號." 曰: "雍正之前, 用何季號? 自何季用雍正年號?" 曰: "雍正之前, 用康熙季號. 癸卯季爲始用雍正季號." 此後更不省問. 在館所時, 隔壁乃暹羅國使臣所住處. 持一鳥而來, 頭如鷄冠, 其冠赤. 脩項長脛, 身大如猪. 毛羽斑爛可愛. 食以生肉. 及進貢日, 人以錦巾, 拭其毛而去塵. 而但不知其名, 可恨. 自北京至蘇杭州, 漕河多壎淤. 發軍開濬, 束蘆築堤. 一役所必有數萬人. 如此者, 處處有之. 五月二十日, 還渡鴨綠江.

| 第3話 |

宋完者府吏也. 與尹道成同時漂流. 至臺灣而還自彰化縣. 行八日至臺灣, 路徑皆沿海田畇之間. 平原膏沃, 無一塊沙礫. 路左大山一字亘天. 日候暄暖, 地氣多蒸濕. 閭閻皆作二層閣, 無四時恒處樓上. 室屋全以蘆竹搆架. 在上帝廟時, 臺灣人見馬牌中天啓季號, 爭傳觀大喜曰: "大明制度在此." 或吝嗟不肯釋手眷戀者, 形諸言容. 過福建至蒲城縣, 踰一嶺, 其高接雲. 左右大山, 圍擁撑天. 路邊竹葉, 曉露凍如珠顆, 點滴落而成堆. 臺灣人生不見氷. 見之大喜, 袺取寶玩之. 過杭州, 遙見東南, 一山盤磚崒崢, 頂上有小山如覆盂. 其色赫如紫雲屴立. 又山下, 一峯秀拔, 特峙如柱. 問則大山天台, 赤者赤城, 秀拔者石柱峯也. 差迻而圓者鴈蕩也. 浙福等地浦人, 以舟爲家. 妻持楫, 夫引纜, 載往來客人, 得船稅資生. 船中長子孫, 以行船爲産業. 如此者無數. 入山東地界, 平野數千里, 無一拳培塿, 皆旱田. 閭落蕭條, 大不及江南之富庶. 鑿開漕河, 五里一開閘. 而閘口菫容大舶一隻. 左右石築, 石面錫-音롱.鑿一條凹. 以長板納凹內排撑. 至顚塞之儲水, 待漕船開板, 決水踰淺灘矣.

| 第4話 |

己未十月, 官奴友彬, 以官貿易發船. 戌時過蛇所島, 遇北風. 波濤湧立, 須臾之間, 柁折檣倒. 船板憂憂生罅. 於是以碇索代柁, 隨風所之. 翌日暮出東洋, 風勢雖殘歇. 而船中器械皆折傷. 故惟隨風東西, 泛泛在洋中. 至五六日, 漢拏見於西方. 如一點. 過五日, 不可復見. 六日遙見東方, 數島如螺髻. 翌日平明, 船已抵島入港口. 而去沙堤猶餘百步許. 柁櫓皆折, 失不能使船襯泊. 船中一人, 游水而出. 移時與島人數三而來. 皆斑衣髠首, 可知其日本地界也. 於是倭人急以小船授纜, 我船引泊之. 我人等皆下陸, 飢困之餘, 昏倒不省人事. 彼人以甘水三四合式, 稱量分飮. 繼以白粥少許. 書問何國人, 因何事漂到. 我船中有解書者, 答書曰:

"朝鮮羅州人也. 以商販出海, 遇惡風到此耳." 其人還走, 須臾率二十餘名而來. 皆佩長短二刀, 服色或黑或斑爛, 皆拔劍刈竹, 作圍籬. 其內搆七間茅舍, 驅我人等入之. 取我船中所餘糧米, 斗量授之曰: "計糧之盡, 當自我繼之." 以防風菜魴魚醢給之. 問其島名, 則曰日本翠芳島云耳. 一日請其把守倭, 登山周覽. 其島幅員不過二三十里, 雜木茂鬱, 經冬長靑. 其土黑墳壤, 石皆水泡狀. 至庚申六月, 倭人曰: "爾等漂到事狀, 狀聞江戶, 回移纔來. 當護送于長碕島, 使之歸故國耳." 十二日, 乘船倭船, 左右挾持而發. 北向行半日, 到九智島. 如前把守餽食. 且見其耕種, 則短耜略翻膚土, 不務深耕. 蓋下多大石, 土性浮燥故也. 三月自九智島, 離發沿陸行船. 四月晦間, 到山川浦. 以小船通報于不知其所. 移時有通事者到船中, 能以我言酬酢. 歡然如見故舊. 問通事曰: "爾學我國語而能之耶? 抑或我國人漂流, 居生于此耶?" 曰: "我祖本以慶尙道居民, 壬辰之亂虜來. 而同時被擄人甚多. 同住一處. 爲慮其逃歸, 使不得出商. 因許陶而資生. 名其邨曰瓷店. 祖子孫三世, 懷土思歸之心, 何嘗一刻忘也. 但嚴法禁制, 有懷莫遂. 一生痛割, 口難言也. 至今所傳授者, 惟一村中, 言語不改, 祭祀時着朝鮮衣服. 平居以網巾高髻平陽子, 遵古俗. 而倭亦不禁也." 至此翠芳島, 人始交付回去. 五月十九日, 到長碕. 有官長點數我人, 接入一館. 所留此一月, 有唐船到泊. 倭人羣聚交易, 蓋爲商賈而來者也. 六月發船到對馬島, 接待賜餽, 自有節次. 七月還到東萊. 十月入濟州. 家屬尙着衰服焉.

| 第5話 |

戊寅十一月二十九日, 城內居民姜斗樞高守慶, 乘進上船, 過楸子島. 猝遇惡風漂流. 十二月初八日, 海中有石山如丁字, 立石壁層疊撐空, 其高到天. 無點土, 艸木不生, 船不可泊. 遂逶東而行數日, 有一島如覆甑. 上有孤松如蓋. 四壁皆石. 高可千仞. 船又不可泊. 惟隨風向東. 行一日有大島當前. 至五更船抵岸, 遂汲水環坐. 至平明見, 不遠地多有漁船.

乃以赫蹏書曰: "我等朝鮮人也. 漂流到此, 幸望救濟人命." 遂擧手呼之. 有髡首黑衣者一人, 趨至, 可知其倭也. 持書踰山而去, 須臾小船六七, 其來如飛. 近我船, 其中五人, 上我船, 授點卜物行裝. 因向天吹口氣, 爲風起狀, 欲移船回泊. 於是擧碇施櫓, 齊唱棹歌, 音簇瀏亮. 倭皆平生始聞之, 拍役夫背甚喜. 行泊一浦, 左右閭閻, 撲地橘柚離離. 有官倭來, 施揖分坐. 以文字酬酢. 其地乃日本所屬屋鳩島也. 須臾以小紅盒, 盛蒸芋數枚, 勸茶二鍾. 累日漂泊昏憒之餘, 氣完神爽, 頓然如披雲覩天. 時深冬, 氣候極暖. 蕪菁葉猶青青. 所給粮米, 米甚麤. 問其故, 曰: "此地不生稻秔. 貿來于琉球國故如是耳." 又問琉球國程道, 曰: "海路一日半, 比諸日本差近." 己卯正月發船, 在初五日, 抵薩摩州山川浦. 有二通事申青春李欣偉爲名者, 來問漂流狀. 答之, 因問之曰: "爾何能我國語?" 通事皆悽然曰: "我等遠祖, 俱以朝鮮人. 壬辰被虜, 同居一邨. 凡被虜人子孫, 今至數千戶. 父祖相傳, 家內用朝鮮語. 故不學而能之. 一日通事邨中人來言, 一邨人聞朝鮮人漂到, 皆喜. 固願見之. 而有禁法不可. 故惟吾一人獨來." 遂偏拜我人, 悅慕之如見父母. 霎時通事促其人回去. 一日倭官授點卜物. 雖秋毫把錄不遺. 通事以我國語訴曰: "倭奴之細瑣如是耳." 蓋雖居其地, 服事其官長, 三世之惡怒未解也. 遙見浦邊, 館宇壯麗. 通事曰: "此琉球人所住處也. 與日本通和, 比諸釜山倭館一例也." 每日日之始升, 有少年女子, 折取竹枝, 持一瓢, 冉冉至浦邊, 以瓢酌水, 蘸竹葉, 向日輕輕洒之. 口內吶吶有言. 問諸通事, 則其夫婿船去遠國 日本諸州稱國, 商買未還. 故向日而祝者, 願其平安早早回也. 二月旬間, 分載我人于二船, 過近浦防津浦攝本浦風本浦, 至臥只毛梁薩麻. 地界盡故, 與申李二通事別去. 各涕泣分手. 至三月初五日, 抵長碕島, 住館所. 日與通事並居談話. 倭法以對馬島朝鮮通事一人, 遞番留住長碕島. 若有朝鮮人漂到, 則使之接待也. 通事曰: "朝鮮之衣食豊足, 固樂國也. 然人多貪心. 國法有不善者." 曰: "何謂也?" 曰: "大鉢鐵匙, 搏飯而食. 非貪而何? 以日本法言之, 島中傳子孫, 財用自昔剩饒, 不侵民. 民甚便之. 朝鮮則外官三季一遞. 貧寒兩班, 幸而得宰百里, 一心謀子孫産業, 科外徵歛無藝. 此法善乎?" 又出示朝鮮地圖, 自釜山至京城南大門, 以朱線畵路. 且內外各衙門官員多少, 備知之. 又能朝鮮諺文. 及象基, 與高守慶對局. 通事曰: "朝鮮大國也. 若見輸於小國人, 則可羞也." 凡言朝鮮必稱大國. 居長碕四十餘日, 又發船過平湖一歧島, 到對馬島. 時値端陽, 家家門外豎彩旗蘘粲戟, 其數之多少不齊. 問之則曰: "有一男子者, 旗蘘粲戟皆一. 有數三子者, 數亦如之. 以祈其福壽." 當日男女衣上皆畵彩花. 遊街市, 甚都冶. 始用雨傘, 無雨暘, 皆手擎不廢. 十六日發船, 抵東萊.

| 第6話 |

甲辰二月十四日, 都近川居民李建春, 過楸子導遇西風, 漂流東洋. 凡九日抵對馬島西邊. 有倭百餘人來浦邊. 其中官倭指揮之, 以小船纜引我船, 循島隅而行. 行一日入浦口. 通事來問居住, 答曰: "羅州人也. 乘船過珍島, 以西風漂流耳." 曰: "珍島南有楸子甫吉諸島, 何不依泊?" 答曰: "夜黑風緊, 不能制船. 到貴界耳." 曰: "諾." 其島幅員大小, 比濟州不加大. 亂石錯峙, 地形碕嶇. 石間時見麥田而甚稀貴. 蓋石多土薄, 不堪田也. 我國釜山等地, 陂田中木麥花歷歷可卞. 海路遠近可知耳. 東南風發船, 一日泊東萊.

| 第7話 |

癸卯季四月初八日, 朝天館居民李己得, 發船至中洋, 遙見西海, 浪花接天, 昏昏沈沈. 有一道烟霧氣, 蜂擁而來. 人皆知其爲風. 相議回船之際, 風勢已迫. 而波濤接天. 柁折檣摧, 爲風所驅. 出東洋, 行七日, 遙見天際, 有雲一點. 人爭言海島之上, 雲必浮焉. 彼非島而何? 翌日見之, 淡雲一屯, 如蹲狗, 而左右細縷亘海, 人甚怪之. 夕時漸近, 則雲聚一高山, 而東西一帶平地. 乃是如縷者也. 夜半抵岸, 下船尋泉, 見麥苗已黃.

皆大驚曰:"來時吾濟州秋麥未發穗, 而中間五六日, 此處已成熟, 豈非異國? 氣候不同而然耶?". 平明有一人髡首黑衣, 佩長短二刀. 自山而下, 見我船, 住脚四顧望之, 來十步又立望察. 如是數次, 急回去. 我人皆大恐, 已而黑衣人數百, 聚沙堤, 有船櫓來. 一人立船頭, 蹈足喧呼, 擧手相匝, 如環以示之. 我人未解其意, 默然而已. 彼則噍噪匝手不已. 久之, 我人擧碇收索, 彼乃劇笑, 相喧嘩大喜. 又投纜以繫之之狀, 我人乃敢取纜端, 繫船連船, 行四五十里. 入一浦漵, 彼人取鐵碇. 碇我船四隅, 以小船各把守碇下. 夜則擊柝不眠, 警守之. 一日喚船頭_{倭人梢工之稱}. 及解文者, 下陸設食食之, 出米鹽醯柴置前, 授紙筆使我人列書物件. 又書'五島奉行'四字, 下着我人姓名. 米鹽則送我船, 文書取去, 不知用之何所. 此後雖一桶水, 必受文書而去. 翌日, 召工運材, 修補我船. 凡八日離五島, 或跨海, 或浦行. 三日抵長碕, 倭船三十, 指路謹護, 入江口左右築石作砌. 砌出水面十數尺, 廉隅齊整, 砍砍如削. 橫亘三四十里, 砌上甕桶鱗次, 翼如也. 住船浦邊一倭, 服色如官員, 來我船, 以我國言直說曰:"爾等居何地方, 因何到此?" 對俱以羅州人, 出貿穀遭, 惡風漂到耳. 又問:"爾船中卜物, 雖秋毫, 自有守直人, 勿慮焉. 爾等隨我而來." 因率行至一衙門, 通事戒之曰:"官員當有所問也. 宜答之曰:'我國之所尊奉者, 佛法也. 人皆念阿彌陀佛. 其次國耳.'"旣入衙門, 有官長問曰:"爾國之所尊奉者, 何哉?" 如所誡言答之, 更無所問焉. 通事率去, 接住朝鮮館. 四五日遊玩者踏至. 其中一兒, 髮覆額, 屈指言曰:"他處又有朝鮮人二十五來住也, 未能詳知." 一日樓下, 朝鮮人數三來. 相對則乃同鄉人金時位等. 漂流來接, 已數十日云. 金時位等, 以靈光人懸註, 我人以羅州懸錄. 我人先拜之, 通事以黎杖叩門閾, 怒之曰:"朝鮮乃習於禮者也. 羅州是大各官也. 何爲納拜於靈光小邑人哉?" 呶呶不已, 我人等皆大恐, 兩船之人, 或有父子相逢者, 而不敢以父子相認. 惟飮泣涕沾席而已. 此後, 各居館所, 不能相往來. 時位等先十日出去. 我船修粧時, 必須我人之指敎看檢. 故屢此往來於浦邊. 見閭閻富盛, 人物殷庶, 有戱劇場, 或木偶人自能運動. 搖扇揮劒, 或馴小猿, 使之跪拜趨蹌. 一日夜, 聞砲聲振天, 甚怪之. 朝聞阿蘭陀商賈船來泊. 日中至船所見之, 江廣可十里, 有大舶二隻, 塞江而來. 船上下二層, 掛錦帆六橫障. 一面天旗, 竿過十五丈. 其船之壯麗可知. 後三日發船, 時見阿蘭陀人. 以小艇下陸, 鬈髮覆額, 不剃不束, 衣服類日本, 而稍寬緩. 浙江福建等商船, 來往無時. 凡通貨長碕者, 七國云耳. 海行十餘日, 抵一島, 有石臺百餘尺. 倭云: "三四月間, 人上此臺候望, 若有鯨浮泳水面, 臺上人擧旗. 快船三十隻, 齊出散海中. 一船先矢, 則立旗船上. 諸船遂輻輳聚集, 爭射之. 合諸船矢絲爲絚, 使不可斷. 鯨乃怒, 着矢奮然去. 船爲鯨所牽行, 待其怒息力疲. 徐引至水邊, 擒之云耳." 見其船, 制樣比汲水船差小. 內外着漆可鑑. 輕快滑澤, 出沒波間, 來往如飛. 自其島過一日海, 抵對馬島. 九月十三日, 發對馬, 中路遇風, 僅泊巨濟.

| 第8話 |

癸卯三月二十五日, 城內居民金時位, 自陸地入來, 遇西北風, 漂泊日本五島. 倭人救濟, 護行六日. 到長碕入館所. 通事接待相與之久, 自然情熟. 一日往其房, 見通事坐屛風內方食, 鑰匙鉢盂諸器皿, 悉如我國制樣. 乃笑曰: "上官—通事稱號何爲僭制?" 通事亦笑曰: "日本雖有禁法, 而器皿衣服之便於用, 安於體, 豈有善於朝鮮制度者乎?" 因自其藏中出網巾道袍天翼靴子, 列置示之, 曰: "朝鮮之禮儀甚備, 此等衣冠, 豈不美哉?" 曰: "旣知禮服之好, 則何不改而從之?" 答曰: "國俗自古異耳, 不可猝然改也." 一日通事以漆几置前曰: "俺島主於南京商船, 以千金買此寶. 而不知其名與所用. 爾幸知否?" 遂出獸皮虎頭牛蹄, 有鬣, 鬣長數寸, 驄尾踈而細. 其毛柔媆而密厚, 色深靑而有白紋如錢, 斑斑可愛. 皮大如二三禾馬, 又出一圓木, 長六七寸, 高數寸, 皮如厚朴. 其色黔而有淺黃紋. 兩端無斫截痕. 與皮色一樣. 有香臭酷烈擁鼻. 或觸手觸物, 而動則其香尤益播聞. 如烟之蓊葧紛郁, 薰着人肌膚. 我人皆不知其名. 通事乃裹而藏之. 一日通事率行, 觀南蠻館. 其人深目高鼻黃睛, 其鼻細而長, 絶不類世人. 衣黑衣, 肢體絶長大, 長幾一丈半. 指如脛, 其狀巖巖然. 頭着紅

氈, 制如胡笠. 凡六人面貌, 酷相似. 有醒膻之臭, 一人起而彷徨, 相距五十步, 其臭逆鼻. 問於通事曰: "彼以商賈來往乎?" 曰: "非也. 與日本和好爲質而來. 三秊一替耳." 且生八九歲, 如許壯大, 相婚娶成人道. 五十爲上壽, 無過五十生者. 倭亦不以人數數之. 一日與通事, 從容談話, 通事曰: "日本嘗有德於朝鮮, 朝鮮不能知也." 曰: "何哉?" 曰: "南蠻欲伐濟州, 而未諳海路, 請兵於日本爲鄕導. 關白將許之, 大司馬諫曰: '日本與朝鮮講和, 隣好甚篤, 奈何出日本兵, 侵掠朝鮮地界? 南蠻之伐與不伐, 非吾所知.' 關白乃不許, 南蠻亦止, 不發兵耳." 且海外諸國中, 兵力之强, 莫過南蠻云. 但未知南蠻之請兵, 在某年, 可恨. 在館所時, 同鄕人李己得船, 亦漂到, 相見六月. 自長崎離發, 到對馬島, 留數十日, 渡泊東萊.

| 第9話 |

丙午二月初九日, 北浦民金日男夫次雄, 以貿販發船, 同行凡九人. 過楸子, 東北風大作, 柁櫓俱折. 船已出珍島西洋. 翌日海霧罩罩如織. 咫尺難卞. 惟隨風去. 至望日, 見漢拏微微在東北方. 翌日不可見. 其後三十餘日, 四望無一點島嶼. 惟泛泛大洋中. 不知以某風, 流在何樣海, 但占日出入, 辨東西而已. 其間巨浪掀搏, 惡魚出沒. 船之危急者數矣. 三月望間, 極南見一島, 驟驟波間, 船亦向之. 行一二日, 風又轉, 失島之所在. 如此數日, 値北風. 五日緊吹, 船直向其島. 漸漸近之, 而凡柁櫓之屬, 或折傷, 不堪用. 且多日煮鹹水取露, 柝焚無餘. 船如瓠之自浮, 人功無所施之. 於是從兩山間直過. 船之去島, 不過牛鳴地. 沙岸牟麥方黃, 見牛馬吃草. 而不見人. 人皆拱手視之. 須臾過島出南洋. 行四日, 有大島當前, 庶幾進泊, 遇南風, 船乃北行. 又三日, 夜未半, 船自泊一島浦漵內. 盖前日所過島也. 於是人皆下船, 依巖環坐. 使二人尋泉, 時夜如漆. 未諳崖路, 一顚一踣, 行見田間水. 平生戀甘水不得, 卒然當之, 盡情以飮. 携一桶歸, 探船底得㑆中, 殘米五升餘. 炊粥, 人皆略略潤喉. 時天漸

白, 又數人出行尋泉. 有一人臨崖側坐, 結丫髻以巾束髮. 向初陽開衣捫蝨, 與我人相見, 隨至船泊所. 我人等乃一行立, 拱手揖. 其人以頭頓地俯伏, 以爲禮. 敍言語而俱不可解. 各默然半晌. 其人擧手指南, 雖不解其意, 惟點頭示之, 其人逐南走. 移時男女老少百餘人, 一擁而來. 我人等甚恐. 然不可奈何. 又一齊起揖. 彼皆頓首答之. 而言語旣不可曉, 無以達意. 彼中老人探懷出紙筆, 作字示之. 我無解文者, 不能知. 適船中有諳解千字文. 故出示之. 彼人大歡樂之, 以手拈天字示我. 我以我音呼之. 拈他字, 又以音呼之. 乃相顧喧言有喜色. 學語後, 思其言曰:"與中國音一樣也." 於是彼人稱高麗高麗, 而我等不知高麗是朝鮮舊號. 乃於千字中拈出朝字仙字示之, 又曰:"是哉是哉! 朝鮮高麗本一也." 以白粥遍啖. 或以蕉葉包麥飯甘醬, 來饋之. 書示琉球國三字. 始知其國名. 居三日, 一人來書姓名字示之, 我等解其意, 各書姓字, 因次第唱其音. 彼人以國書-猶我國諺文, 從其音, 分註姓字下. 又點檢各人行裝, 懸註之. 遂次次呼姓, 率行五里許. 新造數間屋, 以竹籬圍匝. 延入而有出門者, 禁出入. 其地乃琉球所屬一山島也. 幅員五十里, 人戶二三百. 居此二十五日, 自其王都有起送文書, 適有加羅島商船向王都, 迺載我人, 行加羅島. 幅員數百里, 本以日本地. 近季移屬琉球. 其人之服色言語, 大類倭. 與日本之五島長崎甚邇. 船中人有商賈長崎者, 曾見朝鮮漂人, 能解朝鮮言語云. 西南行三日, 哺時泊船國都. 沿路有數島, 島甚小. 至夜解我人下陸. 軍隊荷三隅杖, 分左右簇立, 使我人從中行. 以紗燈導之. 軍兵及男女觀者重匝, 而寂不喧譁. 行數里, 入館舍, 石墻高築, 不可窺瞰. 存一門使人守之. 所以防閑者甚嚴. 每日觀者坌集. 見其衣服制度, 官爵高者, 必乘轎. 轎制立柱四隅, 中可容一人. 廉楣簾攏, 皆以藤細織. 望之嫩映可愛. 左右杠木, 在半轎上. 擔夫或二或四. 從其官品高下. 衣服則長衣垂踝. 袖半臂, 橫幅甚廣. 錦帶廣數寸. 三匝束腰. 凡隨身佩用, 皆衹衽藏之. 女人則髮不剃, 以錦巾掠鬢. 高髻半靸. 衣服如男子. 而無帶有裙. 凡衣服貴賤無章. 繒綿衣雜, 五彩斑爛有文. 惟釵簪分等差高. 高用金簪, 卑用銀, 庶人錫, 或貧殘者以竹爲之. 女人瑪瑠簪, 長尺餘. 襪與鞋皆有之. 吏胥見官長, 必脫襪鞋及頭巾, 扱之腰間, 以爲禮. 言語唧哳甚促. 歌則一人先唱, 變三四節, 十餘人同聲和之. 音韻裊娜悽切堪聽. 怒則色不揚, 語不高. 怒愈盛而聲愈低. 盖南方之强以綏故也. 葬則僧人行占吉地, 以石築壙. 用莎土覆其上. 壙之前面, 作石門. 可以開閉. 其內廣豁如房屋. 四面築石, 文理膩而緻. 以地理高下, 功力多少, 計價. 多至數百金. 有喪者, 稱家力買之. 擧柩置壙內. 若子孫繼死, 則以次第置之. 至壙隘窄難容柩然後, 更占他地. 節日開石門, 用茶果祭之. 門扇刻姓號以誌之. 賤人或用火葬. 家舍無房堗, 室內垂綿帳. 障蚊蚋. 眠於木榻. 氣候極暖, 冬着單衣. 雖夏不加熱. 夏秋之交, 恒多大風. 凡居王都七八朔, 能通言語, 與人酬酢. 外方守土之臣, 皆世祿, 子孫相繼. 無大罪, 不廢其職. 入仕王朝者, 以科擧發身. 致位雖崇極, 而無世守之法. 稻粟饒, 賤民不飢饉. 俗無竊偸. 或有小罪, 剖竹爲杖, 其刑不使痛, 而使羞. 若犯大罪, 必記名于罪籍中. 一人再犯三犯, 則參量其罪狀輕重, 或直置之大辟, 或竄遠島, 終身無赦. 名若一在罪籍, 官雖不施刑, 父母親族, 皆擯斥之, 不齒之人數. 渠亦自廢, 與死無異. 故國法無酷刑重罰, 而民不犯之. 土産白銀鑐錫硫黃. 硫黃極多. 以土物貢北京, 專用硫黃. 胡椒及藤至賤. 藤則如葛之蔓生. 每節生根着地, 採無時. 人家凡筐筥簟席之屬. 皆以藤爲之. 有一菜蔓生, 一蔓必著. 延數畝, 每節着地生三四根. 根似蘿蔔, 大者如酒鍾. 其味甘脆, 最宜人. 必剝皮, 蒸食之. 以代時食. 處處種之, 一蔓可收數百根. 人以此無飢. 俗名曰林委. 民俗男不負女不戴. 以一杠木, 長一把餘. 兩端束, 任用其中. 擡肩汲水者, 亦以桶懸杠之兩端. 錢用雍正通寶. 磁器非土産, 貿用于中國. 故甚貴. 閭閻惟木碗竹箸而已. 彼人曰: "此島於國內諸島中最大. 幅員幾五百里." 而旣禁我人之出入. 不知其言之虛實. 然夜靜風緊, 則時聞島外濤聲. 其言似夸張矣. 其季十一月初九日, 隨貢使向中國. 又以昏夜下船, 閉之藏中, 出洋然後, 開藏出我人. 盖其國以海中小島, 畏人之見幅員大小, 窺其强弱也. 船頭立錦旗書曰'琉球國中山王朝貢船.' 從兵皆桑弓韋絃木矢. 行二日, 過其島二, 皆廣袤四五十里. 船出大洋, 不論風勢逆順, 惟泛鐵向西北. 掛席或風怒浪惡. 船上皆排板禦水. 人入藏中. 船能出入浪底, 無沈溺之慮. 晝夜在洋中. 正月二十七日, 抵福建天海鎭. 上使船漂去未入來. 過天海鎭, 行浦潊三日,入江口. 又行三日, 抵福建, 住琉球舘. 所以上使之不來. 官無饋待事, 與琉球人自備粮食之. 一日在舘所. 有蘇祿國使臣, 欲見琉球人及我人, 來訪之. 琉球副使, 分庭抗禮, 坐之交椅上. 其使臣衣錦綫衣, 袖甚廣. 長裾曳地. 胸前懸團珠結衣. 剃髮而餘數寸覆額, 着金冠狀. 如佛首螺髻. 齒如漆, 面多垢. 徒隷三人從後, 皆以巾束髮, 木綿衣, 襟繡綵花, 炫耀照人. 有蘇祿通事, 指示我人及琉球人曰: "此某某人也." 其使臣與從人, 惟點頭而已. 通事自言以福州海商, 遏風漂到蘇祿國. 其王揀爲駙馬. 居八秊, 懇乞歸故國. 其王使同使臣, 還中國. 乘船三月, 抵福州云. 又曰: "其國在西洋國南海中." 我人問曰: "國旣在極西, 其處日入, 有異於中國乎?" 曰: "無異也. 可知天地之廣也." 茶罷, 其使臣卽去, 無他語. 在福州不禁出入. 故遍遊都市中. 至一處, 問曰: "女子之裏其足, 何也?" 答曰: "國之古俗也." 曰: "今則新國, 已改古時制度, 何不解其裹, 以便行步." 答曰: "國雖新, 而地則故國遺墟, 不忍棄舊俗也." 或曰: "故國子孫, 或復創業, 則胡人皆可以北去. 而故國遺民, 當復爲之民也. 今古俗之不改, 所以表舊民也." 一日有一老人, 從容問我國法制風俗衣冠, 喟然曰: "俺等祖先, 亦如爾國之衣冠. 以大帽團領角帶, 仕宦王朝. 自淸人之奪天下, 俺等胡服, 于今七十餘年耳." 閏三月, 上使船入來. 言遇北風漂流, 幾至西洋, 幸泊一島, 董董還耳. 於是上使率我人, 入城參拜十二衙門. 因以琉球國進貢形止, 聞于北京, 回還然後發行. 在福建時, 從人竊行中銀一櫃, 見覺. 不用刑懲治之. 但記其罪狀. 將歸國, 置之罪籍中云. 其人不食, 晝夜懺悔, 憂泣之. 十月初二日, 離福建, 以水路作行二十四日, 至蒲城縣. 見一江造舟爲梁. 其制以大舟橫窄排江. 舟兩端釘鐵, 環以大鐵索二條, 貫舟之上下, 環牢繋江兩岸. 舟上鋪長板, 以通行旅. 或他船沿江上下, 則撤去板, 排却左右梁舟, 開一條路. 鐵索雖橫亘, 而自沈水底. 不礙行船. 至杭州入西湖口. 江之正中, 有一樓. 樓中以石緊鋪, 石上橫架舂梁. 環梁腰壁附杵十二. 梁之兩端, 錯貫杠木. 木長四五尺. 數二十餘. 杠端繋木瓢, 沈水逆擔流波. 因水勢之噴踢, 木瓢翻翻, 迭酌迭覆. 於是舂梁回旋翻覆, 不暫停. 且於樓中鋪石, 鑿曰數四. 受杵舂米. 頃刻精鑿十餘石. 遠見其樓, 幢幢浮如隨波流去. 行入西湖, 水色一望渺然, 長堤短隨, 樓閣參差, 烟水依㦯. 見之心醉目悅, 頓忘羈愁. 湖中以竹笆籬, 周圍限水者無數. 人云豪勢家所以專水利也. 過蘇州常州, 至南京, 渡長江. 從石頭城下, 乘船候風而渡. 江之廣, 幾二十里. 自楊州過山東. 二月初九日, 至北京. 朝鮮通事來曰: "爾等持戶籍戶牌及爾國錢乎?" 對曰: "漂流時皆棄之洋中耳." 曰: "此於大國爲禁法. 爾等之棄之善矣." 適値我國冬至使行次, 隨還本國. 四月二十八日, 還渡濟州. 凡離家三閱歲矣.

| 第10話 |

甲申正月初十日, 官奴山海漂流. 十二日, 抵一島下船. 依岸環坐, 隔林聞人語微微. 已而黑衣數百, 佩長短二刀, 一齊來會, 我人等恐惻, 皆攢手號哭之. 彼人書示曰: "此地是日本南界, 亦梁九島也. 前此朝鮮人之漂到, 俺等盡心救護, 好好還去. 且國法無人命殺害事, 勿怖勿怖." 船行十餘日, 抵山川浦. 始有通事接待. 見浦邊閭舍, 門扉皆臨水. 有一人立門前, 細察波底, 探腰間解網, 一打得盈尺魚一. 遂提網入門, 去不顧. 乃問通事曰: "其人得一魚, 更不打網, 何也?" 曰: "計家內食口, 足當一饌. 故止之耳." 曰: "盍多捉充廚, 謀數日食乎?" 曰: "與其費力充庖, 餕敗不可食. 何如置之水, 用時則捉, 力不勞, 食不費, 魚産不耗也." 一日見擔竹筐賣綿花者, 相交易而綿不稱, 錢不數. 問諸通事, 則曰: "有定價, 不相欺故耳." 自長崎歷對馬, 七月抵東萊.

| 第11話 |

辛巳臘月念六日, 大靜官吏, 遇北風漂流. 一日波濤相搏, 崩壓魚鼇. 入舟人益大恐. 至明秊正月初四日, 遙見, 一島上白雲如綿, 矗矗撑天. 已而船近島, 左右小島, 錯置如棊布. 遂下陸, 黑衣人數百聚會, 書問曰: "爾等何國人乎?" 以朝鮮人答之, 又問曰: "向者南蠻人, 以詭計毒藥殺

島人班飛申石等, 竊財貨而逃. 此後禁令至嚴, 爾等知否?"曰:"他國人何能知之?"又盤詰船人姓名及所持貨物甚詳. 又曰:"朝鮮與日本, 和親否?"蓋懲南蠻事, 恐我人之有詐, 多端以問之也. 其地乃屋鳩島也. 自山川浦長崎島, 抵對馬還歸.

| 第12話 |

己酉九月晦日, 都近川居民高完, 發船至中洋, 忽有鯨負舟. 舟乃敧側甚危. 已而柁端觸其身, 魚遂驚以其尾擊浪, 潛身而去. 波濤洄渦, 四面崩頹, 船瞥旋, 小焉而止. 人皆憂懼. 須臾西北風大起, 驅船漂東洋. 十月初三日夜半, 抵日本肥前州所屬五島. 而船碍礁不可襯泊. 高完乃泳水下陸, 尋泉. 遙見村火出松間明滅, 乃尋火而行. 見邨人十餘, 然松明, 列坐中庭. 高完乃躍入, 旁火而坐. 其人皆大驚喧嘩, 察我人形止, 知漂到狀. 解衣冪背, 煎粥飲之. 須臾一村皆會, 燃火汲水, 救船中人. 翌日問漂流日字, 答曰:"九月離本國, 遇風漂來耳."又問曰:"今秊有閏九月, 離本土是何九月?"曰:"我國曆法, 閏乃七月, 非九月也."蓋倭曆與我國有差也. 此島左右, 有小島碁布. 通名五島者甚多. 以水路三日, 抵長崎. 歷對馬還本國. 大抵日本濱海地, 皆水泡石, 黑墳壤, 襟木長靑, 大類濟州.

| 第13話 |

庚子十一月十四日, 大靜居民元九赫, 漂到日本筑前州神功浦. 倭人護行, 十六日抵長崎. 接入館所. 一日問通事曰:"日本隣接凡幾國?"曰:"漂人何用知?"爲琉球國甚近. 昔者興兵討之. 入其界, 焚船傳檄曰:'日本地狹, 而生齒日著. 願借貴國容接焉.' 琉球人相議曰:'彼焚船決死, 兵鋒不可當.' 遂乞降, 至今和親云."至明季正朝, 通事知我人之解文字, 請曰:"俺將於節日, 設祭饗祖. 願借客手書神位."曰:"我國則考曰顯考,

妣曰顯妣. 貴國規例何如也?" 曰: "日本無此例. 惟以好文大書一行, 幸甚." 於是書'日月照乾坤.'五大字與之, 大喜稱謝. 粘其書於壁, 設高卓單置一器餠中揷靑竹葉冬栢花, 至望日始撤之. 二月發長崎, 三月晦日還渡釜山.

| 第14話 |

庚戌二月, 官奴万迪, 自陸入來. 遇東風漂西洋三日, 眼中惟天水相接而已. 遇西風, 船東行, 有一島漸近. 遙見數人立巖上, 衣黑頭無所着. 以爲必異國也. 船抵岸, 邨人齊出, 皆我國服色也. 於是下岸, 其人數十, 急以藁絙, 挽船上岸. 万迪問其故, 島人曰: "此處水底皆盤石, 海濤甚急. 若不藏船, 則潮落時, 船自破碎耳." 問其島名, 曰加羅島, 羅州地界. 問東數百里有黑山島, 自此可以通陸云. 島人種麥采藿, 以資生, 甚貧殘. 一島幅員三四十里, 人戶二十餘. 留十餘日, 更治船楫, 以東北風, 三日抵濟州.

| 第15話 |

州之西南海涯, 恒得蘆. 蘆之大或四五握. 時因風濤上岸. 其歲久者, 蜂蛤着其殼. 而不知産於何地. 昔有人漂至一島, 緣涯四面皆蘆. 其內遍地生柑橘. 全島惟此蘆橘而已. 夜聞有聲如牛吼, 遠近俱作, 達曙喧閙. 人皆怪之. 朝而識其聲起處, 搜之, 有螺大如數升之甖, 在處皆有. 於是擇其大百餘箇, 載還貨于陸地, 大獲利. 又有人漂至一島, 有大路如砥. 車可以方軌. 行數里, 轉入山口, 有巨廈百餘間. 軒堗廚庫, 皆整飭. 米麵鹽醬, 臘脩之屬, 及釜筐甕盎, 凡濟生之器俱備. 各置其所. 而不見人. 於是遍島細探, 更無一間屋與人. 蓋浙福間富商之通貨于長崎者之所措置. 以爲中路候風停住之所云耳.

| 崔淡石傳 |

崔淡石東萊人. 其父曰淡沙里. 業補鍋資生. 歲辛巳倭使來館, 以百金購求古器. 淡沙里與其妻謀曰: "終歲作苦, 不得食. 苟得一古器, 可以終身無饑. 吾必遍國中求之." 時淡石生三月. 曰: "余之歸, 不可以歲月期. 俾此子冒余名以識之." 名之曰淡石. 遂與金海人伴行, 五六季無所聞. 耽羅在海外. 兵革不到, 多古物. 於是入其地, 其民貧敝, 以漁藿爲産. 不知古器爲何. 計無奈何. 聞大靜界有三乙那時古城地. 於是具畚鍤掘之. 得瓦器盎碗之屬. 制撈宏朴, 且敗壞, 無銘誌, 不可用. 故棄之, 將還故鄉下船, 所適同伴, 病三月死. 旣葬行資罄然無遺. 凡渡海者, 備一月糧, 乃敢登船. 而無以辨此. 因流轉至大靜界, 雇作於人, 得婦産二子. 屬州應流軍之役-汲水軍, 荏苒不能歸. 淡石旣長, 自傷不知父面. 誓死生求之. 季十八, 辭母出行, 自三南遍於西北, 無處不到. 有業補鍋者, 必面而問之, 以形貌之得於母者. 物色之終不得. 行數季則必歸. 而省其母, 裹糧又發. 前後凡十五季, 三入北道, 而竟無所聞. 以爲終身之痛. 乙巳季大靜縣人適漂日本. 還抵東萊, 淡石乃往問曰: "陸地人補鍋爲業, 姓崔名某者, 或入住本島耶?" 曰: "名則不記, 而果有補鍋匠, 自陸來. 方應役於官." 淡石卽修書載事之始末, 備述其求父之意, 以壺酒囑其人傳之. 淡石又上京, 都求之. 後七季辛亥冬, 淡沙里之城中主人, 以商販出東萊. 於是淡沙里作覆書寄之. 記其離家歲月, 及其隣里親族姓氏, 且以別時酬酢之語, 爲符信. 時淡石出外而還, 屬月餘聞濟人之至. 卽詣 得其書, 驚喜欲倒. 具語于母, 治任入島. 淡石之婦曰: "聞濟州婦女善媚人, 不放使去. 汝若如汝父不還, 則余將誰仰. 必偕行." 屢以路險止之不可. 夫婦遂負戴, 隨濟人偕入. 壬子正月抵主人家, 適時淡沙里以番次至州先舍焉. 於是主人大呼曰: "是而父也. 是而子也." 於是父子相抱大哭, 見者莫不感泣. 於是淡沙里率其子與婦, 歸大靜, 備粮將歸. 以其役於官, 故來告其由. 時余在旁見之, 老少雖殊, 而眞父子面也. 自官頉役, 給布米以嘉之. 擇完船載送, 盖淡石編名于東萊皮匠之籍云.

瀛海奇聞

瀛海奇聞 引用諸書
《冲菴錄》　　金淨元 冲冲菴著
《風土錄》　　上同
《地誌》　　　上同
《南溟小乘》　林悌子順白湖著
《南槎錄》　　金尙憲叔度淸陰先生著
《漂海錄》　　崔溥錦南著

　　島在國之正南, 漢拏峙其中. 如一字橫鋪. 環島水淺處, 巖石如劍戟. 非善於操舟者, 必破舟航焉.　　　　　　　　　　　《小乘》
　　風土別是一區. 事事殊異. 冬溫夏涼, 變錯無恒. 風起似暄而着. 人甚尖利, 衣食難節. 加以雲霧恒陰, 蒸濕沸鬱. 地多蟲類, 凡蜈蚣蟻蚓諸雜蠢蠕之物, 經冬不死. 寂爲難堪.　　　　　　　　　　《冲菴錄》
　　漢拏以北, 恒多北風. 八方之風, 北爲冣勁. 故濟州樹木, 皆南指若禿帚. 每風起, 噴沫如雨, 近海十里間, 艸木皆着醎氣. 二縣之境, 恒古無風. 山北雖掀天動地, 而山南則細艸不動. 故地暖一倍, 而瘴氣亦甚矣.
　　　　　　　　　　　　　　　　　　　　　　　　　《小乘》
　　春夏晝霧之時, 一島如在甑中. 民多癃疾, 瘡痍滿體. 必是風土所厲.
　　　　　　　　　　　　　　　　　　　　　　　　《南槎錄》
　　多壽考, 無盜賊, 俚語艱澁.　　　　　　　　　《地誌》
　　語音高細如針刺. 多不可曉.　　　　　　　　　《風土錄》
　　人語如鴂舌啁啾, 不可辨也.　　　　　　　　　《南槎錄》
　　言語往往雜以文字. 譯官申長齡嘗曰:"此島語音, 酷似中華. 如驅牛馬之聲, 尤不可辨也.　　　　　　　　　　　　　《小乘》
　　三邑皆在漢拏之麓. 平土無半畞可以耕稼者, 如挑剔魚腹.　《風土錄》
　　土人外似愚蠢, 內多巧慧. 言其自己之困苦, 守宰之無狀, 一一貫穿,

甚有條理. 且襟以義理動人傾聽. 斷非全然鹵莽之類. 　　《南槎錄》

　濟州人孫孝枝曰: "我州邈在大海中. 波濤視諸海, 尤暴險. 貢船商舶, 絡繹其中. 而漂流沈沒者, 十居五六. 境中男墳寂少. 閭閻之間, 女多三倍男數. 爲父母者, 生女必喜曰: "是善孝養我." 生男則皆曰: "此物非我兒. 乃鯨鼉之食也." 　　《漂海錄》

　婦人無裙, 但用麻索縈腰. 以數尺布, 縫於索之前後, 掩遮而已. 鑿全木爲桶, 負而汲水. 閭巷之間, 負薪水者皆婦人. 　　《小乘》

　負而不戴, 有曰無舂, 搗衣無砧, 冶鑪無踏, 不貴京職. 　　《風土錄》

　雉之別種, 有大而脚高者. 菜惟防風爲美. 家家斫綠梔爲蘗. 凡邨居香風不斷. 　　《小乘》

　乇羅人漂到崑山, 始學起倒船檣之法. 　　《漂海錄》

　自州南門二十里, 渡一水, 洞壑幾十里. 屮迤緣溪, 溪之左右, 老木架壑, 霜葉可玩. 兩岸或高十丈, 或五六丈, 蒼壁丹崖屛立. 其陡斷處, 如虹門. 水或洑流, 或沸流溪中, 亂石錯屠. 如鐵籠, 如伏虎, 如臥象, 如眠羊, 如蹲狗, 如馬槽, 如車輪, 如鼟如骴, 如走如躓, 不可形狀. 而皆成灰色. —石溪名無愁川. 到山麓, 自州四十餘里. 其間原野, 了無高木. 惟荒茅蕉塞. 自入山, 雲木四合, 不分陰晴, 細竹蒙密覆地. 四時雲霧常蒸, 屮木光潤, 或五里十里之間. 馬蹄登登, 如從窟上行. 石路如線, 僅通人馬. 到尊者庵, 少憇. 自山麓又行四十里, 坐見南溟. 萬里日光, 下垂汪汪, 如銀汞也. 過此以從, 更無雜卉, 惟松樹赤木檀木, 交陰簇翠. 路上望千佛峰, 一面雪山, 宛然如楓岳之衆香城. 　　《南槎錄》

　山上有芝蔓生着地, 莖有細毛, 包若靑苔. 其根隨節而生, 大如釵. 股細如絲, 味甘香. 雖非靈芝, 疑亦芝類. 　　《小乘》

　五百將軍洞, 層巒皎潔. 環作玉屛. 三道懸瀑, 倒瀉一壑. 其間有古壇. 壇上有獨樹桃花, 藉叢竹, 而坐俯視南溟, 一碧萬里, 眞島中第一洞天也. 奇嵓人立者, 無慮千百. 洞之得號以此. 　　《小乘》—洞一名靈室.

　自山根至尊者菴, 亦三十餘里. 仰見絶頂, 尙如平地之所謂高山者, 峰勢壁立, 看若湧出. 　　《小乘》

　過修行窟, 窟中可容二十餘人. 古有高僧, 休粮入定. 過七星臺, 坐禪崒-道邊高巖列峙, 狀如北斗. 又有一石恰如坐僧云. 中峯以上, 松木亦無. 惟檀香躑躅之下, 白沙如雪而已. 日沒時, 始到絶頂, 依巖張幕而宿. 四顧闃寂, 絶無翔走. 自然令人有澄淸凝肅之氣. 《南槎錄》

老人星惟春秋兩分, 天地開霽時望見. 惟沈節制連源, 李土亭之菡, 見之云. 上同

五更乘月, 步上絶頂. 頂上陷下如釜. 東則亂石崒崒, 四面香蔓遍覆. 中有兩潭, 蓋無源之水, 因夏雨水無歸, 洩瀦而爲池者也. 潭名白鹿. 上同

絶頂坎陷爲池. 石峰環繞. 周可七八里. 倚石磴俯視, 水如玻瓈. 深不可測. 池畔只有白沙香蔓, 無一點塵埃氣. 人間風月, 遠隔三千, 疑聞鸞笙, 怳見芝蓋. 《小乘》

潭之北隅有壇. 本州常時祈雨處也. 上峯頭周覽四表. 北望無等月出天冠達摩諸山, 出沒於有無中. 廣鵝楸子等島, 點點如黑子. 下視濟州城郭, 杳然如蟻垤. 兩縣邑居, 凝凝不可辨. 東西南三面, 無一片島嶼. 但見天海相圍, 茫茫無際. 《南槎錄》

從上峰南轉, 向頭陀寺行. 逶多凹陷如臼, 而短竹黃茅, 覆於其上. 馬行甚艱. 十五里許, 懸崖如削. 崖下大溪橫流, 寺在兩溪之間. 寺之一名靈溪, 巖洞幽邃, 亦一佳境也. 月臺前淸溪兩派, 翠壁千尋, 杜陵詩:'疊壁排霜釖, 奔泉濺水珠'之句, 眞摸寫此中景也. 赤木交陰, 不見天日, 行十餘里. 又有一古寺遺址, 石秀泉淸, 亦可盤旋. 《小乘》

山之全體, 退而却立, 仰乎其外, 則穹窿而若不高峻, 陂陀而似非峭拔. 乃與原野之中, 卓峙之岳同, 而無復超特艱險之狀; 進而躋攀, 行乎其內, 則嶷嶷而崖壁屛圍, 逶迤而洞壑窟黯, 與崑崙之墟板桐之谷一, 而多物外淨偉之趣, 如瓮之屛石, 七八仞而虎蹲, 如竿之瘦檜, 四五把而麻立. 栴檀香木, 叢生蒙密, 山精谷魑, 亭午游戲. 風颼颼而吹徹, 笙蕭琴瑟之聲, 動於遠近. 雲靉靆而掩靄, 綵帛繡緞之光, 暴于表裏. 高處凜森危, 而劒戟束立, 低處半凸凹, 而鑊棍排抛, 崗嶺交走, 幾斷而復續, 末乃會合; 坑谷圻谿, 低陷而下幽, 長又陝曠. 高低者錯落, 深淺者冥迷, 蔽野虧天日, 不分四隅, 此爲壹山東西南北之大槩者. 振古以來, 相傳小天台, 誠不誣矣. 《冲菴錄》

穹窿之形, 積石之狀, 恰似無等山. 而高大則倍蓰. 世傳無等山與此山,
爲雌雄者, 必以此也.　　　　　　　　　　　　　　　　《小乘》

　山底川發源, 卽成大溪, 末流稱巾入浦. 俗傳高厚等, 自新羅還, 族屬
會迎于此.　　　　　　　　　　　　《南槎錄》. -山底川在城內.

　山底川汲洗旣多, 下流汙, 不可弄玩. 至海口成潭, 而深處人不得行.
可汎舟. 銀唇魚寂多. 傍有蘆葦, 稍有湖之趣.　　　　　　　《冲菴錄》

　地似平廣, 而不可遠望. 以凹窿故也. 雖有阜陵, 雜亂難辨. 如綱目, 如
亂塚. 積石不怪不雅不整, 皆頑礦而色黑形惡, 見之可憎.　　《冲菴錄》

　原野皆是積石. 望之巃嵸. 如萬家遺址, 牆壁縱橫.　　　　《南槎錄》

　城山在州東北百二十里. 有石城橫截山根. 延可二千尺, 高九尺. 其中
可容數萬人. 緣崖開路, 羊腸盤屈, 步步艱險. 三面臨海, 削立萬仞. 洪濤
巨浪, 晝夜撞舂. 攀巖下窺, 目眩心悸.　　　　　　　　　　《南槎錄》

　城山島如一朶青蓮, 出於海濤. 其上則石崖周遭, 如城郭. 中甚平衍,
艸樹生焉. 其下則崱嶷奇怪, 如帆檣如幕室, 如幢盖, 如禽獸, 萬千之狀,
難以盡記.　　　　　　　　　　　　　　　　　　　　　　　《小乘》

　牛島在州東海中. 距海岸十里. 多楮木. 島之東有石竇, 氣甚寒凜. 毛
髮竦立. 俗傳神龍在處.　　　　　　　　　　　　　　　　　《地誌》

　近島則 -牛島 水色頓異. 恰似靑琉璃. 所謂毒龍潛處, 水偏靑者. 島形似
臥牛. 南崖有石門如虹. 張帆可入, 而其內窟宇天成, 可藏黃龍數十軸.
窟將窮, 又有一重石門, 狀如鑿開, 僅通一船. 乃搖棹而入. 有怪禽似鷺
而小, 色微青, 數百爲羣, 紛紛飛出. 盖窟向南, 無風而暖故, 海鳥來栖
也. 比外窟差小, 而環珕過之. 水光幽幽, 疑有鬼神. 仰見白石, 團團如
月. 而微有芒耀, 又如椀, 如杯如鵝卵, 如彈丸者, 錯落如星斗. 盖渾窟靑
蒼故, 白石得爲星月之狀也.　　　　　　　　　　　　　　　《小乘》

　有樹似杜冲, 而葉大. 蒼翠可愛. 處處緣崖溪磵, 夾覆而生. 望若雲烟.
　　　　　　　　　　　　　　　　　　　　　　　　　　　　上仝

　西歸浦卽縣西洪鑪川下流. 新羅朝大唐時, 候風處也. 海中有禿島凡島
薩島瀑島, 皆石壁峭拔, 列立相望. 諺傳漢拏山柱峰摧折時, 分峙者云.
　　　　　　　　　　　　　　　　　　　　　　　　　　　《地誌》

山有獸, 野有畜, 千百其羣, 优优而行.　　　　　《小乘》
天池淵, 岩狂谷狠, 白晝陰陰, 如藏風聚雨, 鬼神吟嘯. 令人寒凜.
　　　　　　　　　　　　　　　　　　　　　　　《南槎錄》
天池淵周數百步, 深不可測. 雙瀑飛下, 長可百尺. 聲若雷霆. 兩崖作玉屛, 到海五里. 晴霞披處, 曲曲淸幽, 微風不動, 艸木長春. 盖島中元暖, 而洞天又在漢拏之南, 而又坎陷故, 恒得十分陽和也.　《小乘》
島中諸藪甚多. 至有周五十餘里. 俱有橡棠木槲子山柚鹿角松檪, 加時二年, 櫨木雜卉叢鬱.　　　　　　　　　　　　　　《地誌》
山房大靜縣東十里. 嵓壁峭絶, 雜卉苞生. 諺傳上古虞人登漢拏, 以弓弰摩擊天腹, 天帝怒, 折柱夆, 移置于此. 其南崖有石窟. 水自窟中點滴, 而爲泉.　　　　　　　　　　　　　　　　　　　《南槎錄》
窟中有九十九洞. 山房涌出於巨浪春撞之際, 渾如一石, 望如覆釜. 山腰有窟, 自成巨室. 極其弘敞, 靈源一派, 點滴巖間.　　《小乘》
天帝潭俯見, 一水澄泓, 大如天池. 三面巖石簇立, 皆成八面. 洞府幽邃, 到海可五六里.　　　　　　　　　　　　　　　　　《小乘》
松岳山無遠勢, 斗起海上, 蜿蜒磅礴. 東南一隅平衍, 如壇墠. 可坐百人. 其下陡絶, 不啻萬仞. 鯨濤洶湧, 連空無一點島嶼. 人言昔有海鶻來巢于壁半. 其時牧使欲取雛, 以巨繩縋人下垂, 忽繩斷, 其人碎骨沈海. 武夫之縱慾無忌憚, 試人於絶壁千仞之上, 以供玩具者, 多類此.《南槎錄》
松岳山山勢斗起, 其上平如掌樣. 北有奇巖對立, 儼一石門. 路從石門, 入短峀. 若假山縱橫列置, 眞造化之戲劇處也. 尤可怪者. 斷壁可千仞, 而皆有波濤囓食之狀. 前有一朶積沙爲峰, 而上有海水往來之痕. 以此觀之, 黃塵淸水之說, 豈孟浪也.　　　　　　　　　　　　《小乘》
高麗時, 耽羅朝胡元. 自明月浦遇便風, 得直路七晝夜之間, 過白海渡大洋云.　　　　　　　　　　　　　　　　　　　　《漂海錄》
明月鎭在州西六十里. 三別抄據珍島時, 遣僞將李文景, 泊于此地. 金方慶討三別抄時, 左軍入飛揚島, 卽此浦也. 胡宗朝亦到泊于此. 恭愍時, 元牧子等作亂, 遣崔瑩領兵來討. 牧子等拒戰于此浦, 進擊破之云. 此地在濟州寔爲要害處也.　　　　　　　　　　　　　　　　《地誌》

早里烟臺路左, 有東西石窟. 兩門相對. 西窟僅五十步, 東窟持炬以入百餘步. 窟漸低小, 不可入故, 其深淺不可測. 又向海三四里, 有窟大如東窟. 皆有鍾乳, 其凝結者, 下垂若流蘇. 其流下者, 點滴如雨濕人衣冠. 出穴則便成沙石. 《小乘》

都近川石壁高險, 瀑布飛流數十尺. 其潛入地中, 至七八里湧出石間. 遂成大溪. 有深淵有物狀, 如獹狗, 潛伏變化, 視人布物, 攬入淵中云. 《地誌》

斗川在屛門天西五十步. 形如斗故名斗泉. 世傳飮者能解飛百步. 胡宗朝來, 壓其靈氣, 遂亡. 今則湮塞如平地. 但水光滲漏, 有金液流出而已. 《南槎錄》

龍湫在州西五里. 深無底. 旱則禱雨有應. 左右石壁屛揷, 水色湛湛. 深綠其中, 回抱窈窕. 漁人藏船避風. 《南槎錄》

邑居古稱大邨. 卽三姓所居之地. 《地誌》

長兀岳在州東南四十里. 有水長兀岬長兀火長兀險長兀. 凡四長兀皆峰名. 其中平廣水長兀. 寂高. 大嶺上有龍池. 徑可五十步, 深不可測. 人喧則雲霧四起, 風雨暴作. 旱則禱雨有驗. 其邊積海蛤殼. 俗傳海鳥銜置. 其鳴貢貢, 謂之貢鳥. 佔畢齋詩'旱不能枯雨不肥'者, 卽此也. 《南槎錄》

耽羅記

老人星春秋分見于丙丁方. 山南邨舍, 皆可望. 或曰如橘之懸, 金光洒洒. 故判書申以文記之. 人曰: "所見非眞, 特誇張耳." 言異不可常也. 今年春分早. 山上雪猶尺餘. 乃謀往山南, 二月念三日發行, 庶叔宅寧審藥金命坤從之. 携某局焉. 中火于院川, 川流琤琮. 巖石古怪, 大木離立, 蕭灑可喜. 炊黃粱未熟, 聞林間人語嘩誼. 已而善放者數十人—土人稱砲手曰善放. 擔擧山味, 置前狼藉. 猪大如小犢. 蓋使之行獵, 待于路者也. 所得鹿一獐一猪二. 於是斫櫯枿熾火, 怒炎如焚屋. 獵夫箇箇髮鬔鬆, 蒙塵土數斛, 手垢如蘚花. 探腰間拔刀, 菖蒲刃凝霜. 乃據石刲屠, 不用鹽醬. 作大韱串, 長數尺. 挿火邊薰炙, 脂膋淋漓, 其味濃厚, 不可名狀. 行入大靜界, 穿長林開路. 山柚榧子金桐等木, 攢立皆拱抱. 雖亭午行十里, 而不見日縷. 積葉沒膝, 交柯冒衣. 人不敢入其中. 是日宿紫丹邨. 平明至天帝潭. 平地坼陷, 自作洞府. 石柱簇簇, 撑立如屛. 擁中儲潭水, 紺黑莫測. 潭廣可播菽斗餘. 其外磐石, 錯置如扃如席. 水從石間鳴. 或噴或涵, 步步異狀. 又有磐石平鋪, 水汨汨流. 因落爲瀑長百尺. 兩崖蒼壁如剗, 珍木重重. 於是掃石苔, 以某酒娛終日而去. 是日春分. 宿西歸鎭, 鎭壓臨南溟. 有三島, 羅峙浦口. 石壁四削, 樹木蒙密. 形如山棚. 其一曰凡島. 乃崔瑩之破哈赤處也—合赤元所置牧子, 麗末叛. 夕時自天際, 雲陣如疊巘起. 鎭人曰: "今日海霧必漲, 不利于見星." 須臾屯雲四布, 海天澒洞. 惟蒼然而已. 頓如渾沌之未判, 元氣津津. 夜未央, 雨聲浙瀝, 挑燈不眠. 謂同行曰: "君我俱是漢陽人. 夜宿南荒大海之濱, 豈平昔思慮所到哉. 使北人聞之, 雖終身謀之, 而不可得. 今吾輩皆不願, 而亦不能捨之而去, 人之行止, 疑亦前定使然." 翌朝雨霽, 觀天淵池. 挽蘿躡磴, 俯入洞中. 雨添川肥, 瀑流噴瀉百餘尺. 其聲轟疊. 近崖柯葉, 隨水勢蹲蹲. 四面蒼壁, 回複如房屋. 諸珍木, 皆盤根石罅, 羅絡參差. 苔蘚薄蝕, 石色黃淡. 如畵圖. 比諸朴淵雄偉, 雖不及, 而蘊藉過之. 逶東十里, 至正方淵. 峭壁懸挿, 海濤蕩嚙其址. 瀑流千尺, 直瀉于海面. 其形勢奇壯, 非二瀑之所以髣髴也. 遂有詩曰:"我詩如不作, 孤負正方淵. 霄蝀秋垂海, 飛星夜竟天. 詞人看氣勢, 佳句却流傳. 借問荒山下, 寂廖今幾年." 是日宿依歸邨. 翌日中火于旌義縣. 自縣三十里, 至城山. 石巖千仞, 卓立海中. 厓壁周遭. 自城山郭中, 有橘園. 其東壁尤嶄嵓. 案對牛島. 使人肅懍, 不敢近之. 沙路細長, 左右浦溆逶迤, 頗有江湖興趣. 水禽最多. 是日宿水山鎭. 夜半登水山望-此地峯巒皆稱望, 觀日出. 踈星落落, 曙光騰海. 海靄一縷, 如短屛. 際天須臾羲輪如金盤破霧, 湧波半吐半隱. 審藥曰:"平生未知海之涯際所止, 今知之. 日出處, 是其限也." 乃相顧而笑. 日午至加馬串-林藪通稱串. 獵夫數十, 整齊器械, 待余于路左. 因卸鞍中火. 須臾雉人供雉, 獵人射鹿. 凡得田禽, 鹿一獐一華蟲三. 半日盤桓, 夕宿朝天館. 其明日鎭將爲余招海夫, 擧網防浦. 海水徹底明. 網內魚族可數. 午潮初落, 銀鱗跳網入船. 於是坐石上, 斫鱠斟酒. 夕時還衙, 往返凡六日. 自州逶南, 至院川六十里, 自院川直南, 至紫丹三十里, 自紫丹直東, 至西歸三十里, 又東至衣歸四十里. 又東至旌義三十里. 自旌義逶東涉北, 至水山三十里. 自水山直北, 至加馬串三十里. 自加馬串逶西, 至朝天館五十里. 自朝天館直西, 至州城三十里.

循海錄

　　余與李修撰, 有一遊約. 李修撰名某字某, 謫居大靜也. 四月十二日己亥, 余蓐食自漢拏西麓, 而踰至其巔曰立石. 隅山坂坎陷有小池. 廣可半畝, 味極淸冽. 四厓老木陰陰. 大抵島之全體, 皆石窟. 膚土上布, 人馬所過, 兢兢有聲. 川磵狀流, 凡邨居無井泉. 坎土坑儲雨飮者過半. 惟此高項生活水. 雨不增, 旱不減, 亦可異也. 因中火, 微雨乍洒. 白雲陣陣, 擁人而過. 是日與李修撰聯枕, 以雨留一日. 辛丑幷轡至倉庫川. 岡麓細分如眉, 大川中奔, 緣崖巖石十里, 嫩葉初齊, 春花方濃. 左右邨閭撲地, 明媚可愛. 盖一島土性浮燥, 邱巒皆孤, 擲隆頀. 惟此地有黏土. 山勢能分. 介種木緜, 多水田也. 其下流爲甘山川. 川石敞豁, 林木茂蔚, 處處宜坐. 至山房-山名也, 石崖四面, 皆千仞. 巓戴土, 雜木叢蔚. 其南厓有石室, 細路盤折, 甚危. 室之廣, 可宴百人. 高十數丈. 全石坼開, 壁色蒼淡. 間有白紋如匹練下垂. 當中梁桷之際, 淸泉懸注. 味甘冽, 淙淙有聲. 壁間生樹, 花白實團, 頗異常. 簷戶階砌, 天然備具. 有銅佛, 苔蘚半蝕. 又礨石藉藁, 如人栖息之狀. 土人言: "曾有乞僧, 晝而行邨, 夜宿于此. 盖自陸地來者也."-濟州在無僧徒. 自州東西數百里間, 巖石皆礦黑水泡狀. 惟此山之石, 堅白密緻, 可以伐墓碣也. 因酌溜炊飯, 直南十里, 登松岳山, 斷崖側立, 大海積水際天, 目力不知所止. 人曰: "浙江福建商賈之通貨于長岐島者, 水程從此洋. 往來大舶張帆, 歲常見十數番也." 大靜地界盡故, 與李修撰別. 臨歧分手, 懷事依依. 宿摹瑟鎭. 鎭斗入海中, 前有二島, 極圓平如席-二島名廱羅加波. 周各十數里. 水程可三四十里. 無人家. 夕時, 登瞭臺-沿海皆築臺瞭望, 落照飜海, 海底微蒼. 一船從日邊來, 葦帆映日, 風利牛歇. 瞥眼入二島間. 鎭人言: "陸地鮑人之偸採者也." 盖島之産鰒最大, 或過五六寸云. 壬寅中火于明月鎭. 是州之西隅. 平原如掌, 所見寬豁可喜. 宿涯月鎭, 癸卯還衙. 出遊五日, 往返路程, 凡二百六十里. 後數日觀冰潭, 斯非海邊, 故不附于此.

海山雜誌

耽羅東西百六七十里. 南北百餘里. 地勢四低, 湊中壇起漸高, 凝積磅礴, 爲漢拏山. 雖有小小阜陵, 而贅疊附麗, 束而爲一. 如覆帽, 故無十里平原. 自海而起, 路登登不已. 至巔而止. 環四面, 近海十里或二十里或三十里, 爲民田. 自田而上十里或二十里, 爲牧場. 自場而上十里或二十里三十里, 爲藪. 雜木拱抱, 自生自枯. 藪之盡也, 山勢益峻, 風氣勁峭. 雖條枝亦不生. 惟短岬覆地而已. 如是者五里或十里, 始有香木. 幹與條如杉檜. 葉如紫檀. 環山簇立, 絶無他木. 而地益高, 則其木漸朧腫, 不得長. 至其巔, 惟蔓生拕延, 着地復生根. 歲久則能盤結十數間.

白鹿潭在漢拏上峯之巔. 周可十里. 四厓擁抱. 勻圓無少窊縮. 土石相間, 而砍削直下百數丈. 其中極穩平如房屋. 金沙芊芊水瀯, 北厓之下, 而據四之一. 深處黝黝莫測. 余之遊在四月晦. 而潭涯岸底, 冰之未融者, 厚幾十餘尺. 使人下厓酌水, 從上見之, 大不能寸餘. 麋鹿山馬之屬, 每就潭飮之. 莎中細蹊, 從橫斑斑. 自南麓以降, 有一洞. 左右崖壁削立. 綿亘七八里, 前面軒豁, 南溟一泓, 襯入膝底. 左厓亂石羅立, 日光斜映, 或仰或俯, 或端直或欹側, 突然如怒, 逡然如避, 千百其狀. 而色皆微皓肯人故, 土人謂五百將軍洞. 或曰靈室.

余之上漢拏也, 鷄鳴蓐食. 行三十里, 少坐路左. 海日初升, 晶光晞髮. 滄溟一圍, 汪汪如銀汞. 須臾海霧如線, 自東緣厓而進. 漸進漸長, 顧眄之間, 浸淫飮一島之半幅. 其色如煤之黟, 如縑之素, 日烘而槓, 映海而綠. 紛斜相錯, 變嬗爲千百. 其狀輪菌崒岬, 呑吐反覆, 而頡頏作氣勢. 席卷而來. 已而散漫彌延, 盈於天水之際. 極目一色, 晌午漸收, 而日晡登絶頂, 則遠靄四低, 惟蒼蒼然.

自州西門五里, 海濱有翠屏潭. 兩厓石壁如削, 水黝黝莫測. 潭口閭閻百餘戶. 朝夕汲洗, 全賴潭水. 邨中老人言, 潭水甘冽可食. 六十年來, 有怪物自海入, 處于潭中. 潭水晝夜渾沸如湯. 色黃濁味腥, 不可食. 處潭或半年而去, 或三四朔而去. 去則水復淸冽如常. 往來時沙渚有痕, 如曳大瓮. 四五歲一至. 今之不來四年也. 人無見其狀焉. 潭西百步曰龍頭, 有隆堆亘, 長俯而入海. 如奔馬飲水. 蒼黑色, 性剛硬如鐵. 其紋魂磥鐵結, 不可名狀. 州西二十里, 有金通精—三別抄叛時賊魁名. 土城舊址. 壁墉猶屹然. 有泉滔滔不乾. 自土城差南十里曰無愁川. 兩岸百丈陡斷. 老木鱗次, 石稜微露. 丹翠交映川之上流. 至中山—漢拏之卒, 謂之中山. 曰冰潭. 高山圍擁, 衆壑之水, 滙注一川. 清流激湍, 一瀑一潭. 左右巖石, 悉如礱成. 老木交陰, 幽岫自長. 肅穆岑寂, 使人不可久留. 歸路至登瀛窟. 有石室頗敞豁. 時四月, 映山紅燦開, 花萼酷似倭躑躅. 色殷紅, 樹高四五丈. 繁枝簇綻丹霞, 映人衣裳.

望京樓在州東軒之右. 去海一馬地. 而目力所到, 縱橫可千里. 一日薄暮, 見黑雲一圈浮海隅, 雨脚微微可辨. 須臾雲葉赫然, 流電劈出. 一杠金條, 亘屬天際, 畫破海面一半, 左右芒耀, 碎礫跳蕩. 隨滅隨流, 至曛而止. 盖夏秋之交多有之, 而雨于西, 則電出于東, 雨于東, 則電出于西, 恒不聞雷聲.

自漢拏抵海, 數尺之下皆石. 故土性浮散無力. 耕者旣播種, 卽驅牛馬踏之. 否則爲風簸揚無遺. 且雖以一旬之旱, 必龜坼. 少有雨, 輒滌下損苗. 故歲恒一饑. 民食極艱, 陸地人一日之糧, 必分兩三日食之. 甘於服役, 用力亦大不及焉. 穀之所宜土, 惟粟麰木麥數種. 海涯有艸如韭, 摘其葉, 糅米炊之, 能救饑. 有山桑而不蠶, 綿布亦貿用極貴. 婦女不知織組之爲何事. 惟以採藿爲業. 冰之初泮時, 雨降則藿始生海底. 至初夏繁茂. 其時則一島男女, 盡出採之. 緣涯潛浮, 蔽海如鴉陣. 其中能者, 乃採鰒, 鰒之利厚, 故惟鮑女能擇婿.

居民多壽耈. 時百八歲有之. 七十八十者, 能把耜耕種. 盖生理極艱, 所啖惟艸根, 衣不掩體. 邸居無垠, 惟作數間廳, 立四壁遮風, 當中設土爐熾火. 冬則一家內男女老幼, 環爐寢以取煖. 出則冒風雪. 崎嶇山海間, 使筋骨堅束. 且凡養生之具, 過半未備. 一切世間機巧利害之事, 不聞不知. 喜而行勞而休, 于于侯侯, 心無所用. 故能全其生, 至于老不衰. 或曰: 以見壽星, 多壽, 未必然也.

三月之暮, 在望京樓. 是日天晴風息, 海面澄平. 有一鳥浮海, 色純黑,長頸短喙類鵝, 有時俛而潛. 過數三食頃始出. 半日遊泳, 刷羽顧眄, 氣勢聳昂. 以所見測其相去, 遠近凡船之過是也. 人形不能滿寸, 而今鳥之大如鸛, 其兼數牛可知. 晩後冉冉而逝. 竟不見其飛與鳴. 常時白鷗蔽海, 是日無見焉. 豈有畏而然歟. 遊龍巖時, 海面有物出水, 高尺許, 廣亦如之, 極方正平直. 狀如斗, 漆黑光潤, 色能映日, 霎時還沒海濤中, 竟不知何物.

鮑人言, 以漁採乘船出牛洋, 忽水聲劈碎震耳. 有蛇長數十丈, 大如瓷盎, 色眞黃爍爍, 如金蜿蜒, 掠船而去. 黃暈映波, 移映乃止. 又言水牛多産牛島窟中. 窟之左右, 崖石層層作砌. 水牛十百, 恒出崖石間, 臥伏閒閒. 見人則輒洶洶落水. 又海中有狗有貓. 其頭面形, 色無異陸産. 又有一獸大小, 毛色全是黃. 獷出波面, 迚迚而走. 其直如箭. 又有飛魚生肉翅, 能決起數丈, 飛過數百餘步, 有魚能食. 飛魚預知其翅力所盡處, 先往開口待啖. 是魚俗呼酥肉伊. 或化爲鹿. 有一獵夫, 得鹿刳腹, 腹內盡是魚腸云. 且余嘗見廚人宰鹿, 得一魚鯁於腿裏. 長幾五寸餘, 細而勁尖, 眞魚骨也. 且是鹿味惡, 不可食.

此地之潮, 其來自東而西. 其退自西而東. 勢頗悍急, 若風與潮相反, 行舶爲水所拖, 偏於一邊, 而近涯則散緩無力. 雖晦朔之交, 其滿而平也. 不過數丈之高, 自甫吉楸子, 迤南有大小火脫_{皆島名}, 高可數百丈, 石骨束立, 風濤晝夜舂撞, 點土不棲. 反照入海, 則金光蕩潏, 激射石面, 皆薰薄照耀, 煌煌如一拳炭火. 火脫之名以此.

與人書

　前書有云: 山海之詭異, 所以觀造化也. 混沌之分, 流形之妙, 所不知也. 然凡物之終, 必返其始, 東方之山, 始白頭止漢拏, 山之所止, 其氣必聚. 而類其所始, 漢拏之蜿蜒崚嶒, 如覆盃, 如臥牛. 巓有大澤, 山之所同也; 多旱田, 宜黍稷. 土之所同也; 牛馬野牧, 衣狗裘能耐寒忍饑, 人之所同也. 發語低而轉語高, 其終也廣而揚之, 聲音之所同也. 豊艸茂林, 走馬射鹿, 出入谿澗, 上下山坂, 不擇路而縱靶, 習俗之所同也; 炎夏伐泳于陰厓, 八月山雪降, 恒多大風, 飛石霾日, 氣候之所同也. 中間之懸隔萬里, 占北極差十數度也. 地非近而肖也, 民非聞而效也. 風氣乃南北頓異, 然若是其相似者, 豈非自白頭逶迤蟠結, 而氣脉不變, 至終而返始也. 故在羅濟, 世爲附庸, 自王氏始郡縣之. 元人雖甄有, 而不能取. 盖其環海一域, 所以護東方而奠南服也. 至於造化之玄理, 不可知也.

橘譜 幷叙

　我東菓品多種. 惟橘産于耽羅. 而畏寒惡風, 結實不繁. 貢包常不充.
故士大夫之間, 甚珍貴之. 其名有不能遍數. 況嘗其味哉. 於是作橘譜,
分上中下三品, 記其色味云.
　歲壬子閏五月下幹, 鄭運經書于耽羅之望京樓.

上品五種
　乳柑：十月始熟, 色淺黃淡綠. 比柑子稍大, 皮軟薄, 味極甘濃淸姸,
入口如雪, 沃香暈盤. 盤味之上品也.
　大橘：狀酷似壺瓠. 其大如兒拳. 色赫然深赤, 其殼堅厚, 多白臁. 靈
液如蜜漿, 濃深爽洌. 淸香藹藹, 留口可食頃.
　洞庭橘：大如栗. 色深綠. 其味甘而洌, 淸而姸, 香而柔. 入口洒然, 醒
神改容.
　唐柚子：季冬爛熟, 色黯黃, 狀類大橘, 而其大倍之, 如酒鍾. 破殼取
肉, 甘液靈凝, 滴滴柔滑濃爽. 剝其殼, 範之爲杯.
　靑橘：春結子. 入冬始大如胡椒. 色蒼綠, 殼皺蹙. 厚臁多核, 極辛辣
不可食. 明年春夏之交, 入黃. 至七月, 皮軟黃如金臁. 與核俱融而化. 靈
液滿殼, 甘洌姸香, 味品絶異. 向冬漸退, 黃染蒼臁, 核稍稍復作, 味還辛
刺口. 十月新舊顆難辨. 一蔕過數三年不落. 色味隨時而變, 極可異也.
摘其靑顆爲靑皮.

中品五種
　唐金橘：味大類乳柑. 而柔滑過之. 乍有酸意, 色眞黃. 殼紋細嫩, 箇
箇如金毬團圓.
　柑子：十月始黃. 黃暈淡淺, 甘液津津. 淸酸軟滑, 極可口也.
　小橘：比小椒差大. 色軟丹. 如楓之半酣. 味純甘, 霜津酥潤. 但小淸
姸之味.

倭橘:形如小葫蘆. 其甘如錫. 似有査滓之味, 有淸津, 而欠潤滑.

金橘:小如杏. 色淡黃. 味欠淸冽而甘液, 能盤旋喉舌之間.

下品五種

橙子橘:至二月濃熟. 狀如瓜苦. 破殼則霜凝露滴. 入口津津. 但淡甘太酸, 不可多食.

石金橘:味似金橘. 但酸而微辛. 皮軟滑, 團團可愛.

山橘:稜殼臃腫頹結. 味甘酸可食. 然短澁無餘味. 入藥爲陳皮.

柚子:香臭郁烈. 味淡平而酸. 宜嗅不宜食. 與羅慶海邊所産, 無等差.

枳實:實大如橙橘. 雖爛熟, 而味辛辣苦口. 人不食之, 且性畏風, 結實甚稀. 惟藥用而已.

橘柚譜　　　　　　　　　　　　　　　林悌

柚:兩南沿海, 亦多有之. 葉厚而小. 其實秋黃而皮厚.

唐柚:樹如柚花白. 下皆同. 其實狀如眞苽, 而差小. 皮腫如荔子. 花菓譜有荔子橘者, 疑則是. 花菓譜現百川學海.

柑:其實皮薄而滑. 小於柚. 色黃味甘酸.

乳柑:酷似柑子. 但差小而皮厚. 其味甘勝而多液. 色靑黃. 缺則盡靑.

大金橘:皮如柑子, 而色若黃金. 大如乳柑, 而劣味乳柑.

小金橘:色味一如金橘, 而顆甚小.

洞庭橘:似金橘, 而色味皆劣. 稍大於小金橘.

靑橘:皮類唐柚, 而小如洞庭橘. 色靑味大酸. 經冬入夏, 味甘多液.

山橘:一如靑橘. 而色黃多核, 味酸.

橘柚品題

趙貞喆

乳柑

十五金陵種, 淸香最上頭.
風流吾自大, 聊被滿車投.
大小如湖嶺間早紅柿. 色綠而和潤. 爛熟則落蔕處丹黃. 皮至薄, 核極小而寡. 一顆不過四五箇. 多水, 味甘冽且香. 香臭滿口, 微有酸意, 淸爽難言. 以一箇置床頭, 則香聞一室. 自八運始貢.

別橘

嘉樹生南國, 芳心死不移.
有誰知此意, 包貢上丹墀.
大小如鷄卵之大者. 色淡黃橘潤. 上廣下殺, 樣如壺子之倒懸, 正同內地之壺梨. 故一名瓶橘. 皮薄核小. 珍香之氣, 一如乳橘. 但味帶全甘, 故淸爽似不及於乳橘. 然優劣難定. 樹之生在三十年之內, 故島中只有三四株而已. 是以不爲進貢云.

大橘

燕都曾識面, 海國又知名.
每被多情至, 詩腸倍覺淸.
余嘗赴燕京 皇帝五日賜果中 有此橘 食而不聞其名 及謫耽羅 始知之 然以其絶貴之故 人無贈之者 惟多情之人 別以五六箇 每年分送故云云
大小如柚子. 色黃皮厚而皺, 磅礴甚奇. 水極多, 核甚少. 味多甘少酸. 淸爽香冽, 難以形言. 可是橘柚之聖者. 耽羅舊無此橘. 肅宗朝以赴燕使所賁來者, 入送島種云.

唐金橘

素英元窈窕, 貞質更幽閑.

一見心如醉, 孤懷每自寬.

大小同乳柑. 色如黃金, 極潤美可愛. 皮至薄, 小觸輒破. 核極小而寡. 味如乳柑, 優劣難定. 比如女士有幽閑貞靜之態.

洞庭橘

離離三寸實, 猶帶洞庭名.

何似瑤臺女, 慇懃月下迎.

大小同唐金橘. 色淡黃而微有靑意. 皮薄核小, 一如唐金. 但酸味多於甘味, 香氣不及唐金. 然如絶代佳人傾國之色.

小橘

珍香名一體, 大小味參差.

最愛風霜後, 丹心死以期.

大小同鴨卵. 色如紫金. 若經風霜値深冬, 則漸丹如朱. 皮不厚不薄, 不附於體. 味全甘, 水不多, 香氣小. 然乳別大小唐金洞庭六橘, 幷謂之珍果.

唐柚子

已包河海志, 屢閱風霜天.

正似騎鯨客, 詩壇氣浩然.

體絶大. 大者可容一升餘. 色深黃, 皮至厚而皺. 香氣雖多, 與六種珍果有異. 蓋珍果之香, 如蘭麝之臭, 如美人之態, 可愛不忍捨. 且難形容其妙絶. 唐柚子則與柚子柑子, 雖有多少之別, 然同是一套. 政似男子之相, 全無媚嫵窈窕之意. 辛氣太勝之故也. 味酸多甘, 少食罷, 微有辛意. 水極多, 淸洌峻爽. 核大而瘦長, 一顆或至十五六. 比則豪傑之士詩酒之客. 若過風霜之天, 至於元正之際, 則皮漸浮厚, 味益爽然. 又至二三月則尤佳. 但摘之觸風, 則味太辛. 在京師之人, 勢不知其正味也. 若於酒後喉渴之時, 食一兩顆, 則洞快難言矣. 掘地數尺, 多積竹葉而藏之, 則可至五六月盛暑而不敗. 納之大小豆包中亦可.

柑子

金丸三寸大, 瓊液十分香.

尙記英宗世, 恩頒出建章.

大者大於鴨卵, 小者或如鷄卵. 色深黃皮薄. 核一顆或至十六七. 味甘酸相適, 淸冽峻爽. 橘柚之正味也. 柑運至京之日, 每有頒賜諸近臣之家.

金橘

素識風霜重, 黃能橘柚先.

千秋屈子賦, 淚落逐臣筵.

體比唐金稍小. 色黃皮薄, 味與小橘爲類, 而大不及. 核稍多. 以其不酸庸常. 且水甚少, 故雖使終日食之, 人不厭之. 此果九月旬望, 已爛黃. 橘柚之最先熟者也. 若不摘則不落. 至明年春夏, 則無核. 色靑酸而無水, 不敢近口. 到秋然後, 與新果幷熟.

柚子

滿樹團團顆, 寒香趁晩秋.

厥包能早運, 宛是夏揚州.

如湖嶺間所産, 九月進貢.

山橘

樹樹玲瓏實, 家家瀾漫秋.

相看仍不厭, 樽酒暗香浮.

大小或如柑子或如唐金. 皮不厚不薄. 有多角如乳者, 有無角者, 形容不一. 而多角者味勝. 取皮以乾爲陳皮. 味亦有多酸多甘, 多水少水之不一. 核甚多, 一顆或至三十餘箇. 此橘甚多, 故進貢諸珍果, 若不結實, 未充元數, 則以此代封.

靑橘

太廟春薦實, 醫司年貢皮.

奇功山橘倂, 何處不相宜.

大小如山橘. 色靑味全酸. 至三四月爛熟可食. 乾取其皮爲靑皮.

枳橘

但識刀圭用, 焉知橘柚幷.

洞庭三月後, 味帶瓊漿淸.

大小亞於唐柚. 樣亦如之. 而皮不甚皺. 至明年二三月則爛熟. 味勝唐柚極佳. 但官府與島人, 八月摘取, 乾作枳殼. 或作醫司之貢, 或售刀圭之用. 不以橘柚稱之, 但名枳殼. 人無知其味者, 甚可惜也. 故列於橘柚, 以待後之知其味者.

橙子橘

政似人情薄, 還同世味酸.

刀圭猶有用, 雨露自無慳.

大小同山橘. 色靑. 爛熟則或有丹點入體. 味太酸多水. 取乾其皮則爲陳皮.

石金橘

離離石上樹, 誰鑄金丸工.

多少洞庭品, 爾宜居下風.

大者如金橘之小者, 小者如栗. 皮薄. 核大而多, 一顆或至三十餘. 味與金橘大同小異, 而水反寡.

秋史 柑橘論　　　　　　　　　　　　　　　　　金正喜

洞庭橘・唐金橘・小橘・金橘, 四品爲上. 別橘品最奇, 種最稀, 不能充貢. 山橘, 最多最下. 靑橘・石金橘, 皆味不佳. 大橘未見. 柑子橙子, 皆不如中國日本產. 乳柑稍爽亦酸. 唐柚子爛熟經春者, 極甘爽. 柑子無香. 枳殼與靑橘, 入藥.

洞庭橘, 高家私園只二樹. 官園只一樹. 唐金橘, 官園只一樹.

耽羅職方說　　　　　　　　　　　　　　　　李綱會

其橘柚, 有唐橘・霜橘・金橘・洞庭橘[酸不堪食]・山橘[爲陳皮]・靑橘[爲靑皮]・枳殼諸種. 置果園四十四樊, 立果直樊. 每三家以課種諸橘, 充其國貢. ○ 謹案. 通編工典栽植條云: "濟州三邑, 柑橘枳木, 每年栽接榧木櫨木山柚子二棬木, 定旁, 近人看守. 歲抄具數, 啓聞." ○ 又云: "濟州等三邑, 稀貴果木. 令居民栽植培養, 考其勤慢, 賞罰勸懲. 柑子唐柑子, 各八株, 乳柑二十株, 洞庭橘十株栽植者復戶. 唐柑子唐柚子各五株, 乳柑洞庭橘各十五株栽植者, 給綿布三十匹.

탐라문견록, 바다 밖의 넓은 세상

정운경 지음, 정민 옮김

1판 1쇄 발행일 2008년 1월 14일
1판 1쇄 발행부수 3,000부 총 3,000부 발행

발행인 | 김학원
편집인 | 한필훈 선완규
기획 | 최세정 홍승호 황서현 유소영 유은경 박태근 유소연
마케팅 | 이상용 하석진 김창규
디자인 | 송법성
저자·독자 서비스 | 조다영(humanist@humanistbooks.com)
스캔·출력 | 이희수 com.
용지 | 화인페이퍼
인쇄 | 청아문화사
제본 | 정민제본

발행처 | (주)휴머니스트 출판그룹
출판등록 | 제313-2007-000007호(2007년 1월 5일)
주소 | (121-869) 서울시 마포구 연남동 564-40
전화 | 02-335-4422 팩스 | 02-334-3427
홈페이지 | www.humanistbooks.com

ⓒ 정민 2008

ISBN 978-89-5862-221-5 03900

만든 사람들

편집 주간 | 선완규(swk2001@humanistbooks.com)
편집장 | 최세정(se2001@humanistbooks.com)
책임 편집 | 김선경
디자인 | 민진기디자인